Ma mère Inde

Dalip Singh Saund

Writat

Cette édition parue en 2024

ISBN : 9789359945330

Publié par
Writat
email : info@writat.com

Contenu

PRÉFACE

Ce travail a été entrepris à la demande de THE PACIFIC COAST KHALSA DIWAN SOCIETY, communément connu sous le nom de SIKH TEMPLE à Stockton, en Californie. Le plan initial était d'écrire une réponse complète au livre de Katherine Mayo, MOTHER INDIA, qui a ensuite été modifié en un manuel sur l'Inde destiné à un usage général par le public américain. Compte tenu des changements considérables d'intérêt mondial survenus en Inde au cours des dernières années, le besoin d'un tel livre était tout à fait imminent. Et il était tout à fait approprié que THE PACIFIC COAST KHALSA DIWAN SOCIETY, dans son rôle d'interprète de la culture et de la civilisation hindoues en Amérique, entreprenne sa publication.

Il y a seulement quelques années, l'Inde, comme d'autres pays d'Orient, était un problème extrême-oriental. Aujourd'hui, si on le juge correctement, c'est déjà devenu un problème proche de l'Occident. À l'exception des quelques spécialistes de l'histoire et de la littérature orientales qui s'occupaient assidûment d'explorer les trésors cachés de la civilisation hindoue, le nom de l'Inde était inconnu du reste du monde américain. Pour l'homme et la femme moyens aux États-Unis, les affaires de ce pays oriental étaient un problème trop lointain pour qu'ils s'en aperçoivent. Cependant, avec les progrès réalisés par la science ces derniers temps, les différentes parties du monde sont devenues si proches les unes des autres, et leurs relations commerciales et culturelles sont devenues si désespérément imbriquées, que les affaires d'une partie du globe ne peuvent pas, et ne doivent pas, restent une question d'insouciance confortable pour l'autre. En préparant ce livre, j'ai eu pour objectif de répondre aux diverses questions qui se posent couramment dans l'esprit du peuple américain concernant les problèmes culturels et politiques de l'Inde. Et si j'ai réussi à amener le peuple américain à mieux comprendre l'Inde, je considère que j'en suis largement récompensé.

Dans la mesure du possible, j'ai utilisé librement des passages et des phrases frappants tirés des écrits de plusieurs auteurs. Celles-ci ayant été copiées à partir de mes notes recueillies au cours d'un cursus d'études s'étendant sur plusieurs années, il ne m'a pas toujours été possible d'en retrouver la source, ce dont je tiens à m'excuser humblement.

Je tiens à exprimer ma plus sincère gratitude à mon épouse bien-aimée pour son aide infatigable dans la préparation du manuscrit et la lecture des épreuves. Je tiens également à remercier mon ami M. Anoop Singh Dhillon pour ses précieuses suggestions.

Los Angeles, Californie.

Mars 1930.

DALIP SINGH SAUND .

Chapitre I

LA POSITION DE LA FEMME EN INDE. EST-ELLE LIBRE OU LIBRE ?

« *Là où les femmes sont honorées,*

là, les dieux sont contents ;

mais là où ils sont déshonorés,

aucun rite sacré ne rapporte de récompense. »

Ainsi, en l'an 200 avant JC, écrivait Manu, le grand législateur de l'Inde – une Inde dont l'esprit était pleinement développé alors que les nations occidentales n'étaient pas encore nées ; L'Inde, dont la vie s'est déroulée pendant que l'Occident, comme la libellule, vivait et mourait pour revivre. Tandis que l'Europe était encore dans un état de barbarie primitive, les Indo-Aryens de *Bharat* (Inde) avaient atteint un état élevé de perfection morale et spirituelle ; et dans le domaine de la culture intellectuelle, ils avaient atteint une éminence qui n'a pas encore été égalée par les pays occidentaux les plus avancés. Non seulement ils avaient un alphabet parfait et un langage symétrique, mais leur littérature contenait déjà des modèles de véritable poésie et des traités remarquables sur la philosophie, la science et l'éthique, à l'époque où les ancêtres des nations occidentales modernes étaient encore vêtus de peaux et ne savaient ni lire ni écrire. . Dans leur ferme compréhension du sens et du but fondamental de la vie et dans l'organisation de leur société en vue de la pleine réalisation des fruits de la vie, à savoir « prendre à chacun selon ses capacités et donner à chacun selon ses besoins », ils avaient atteint un haut degré d'excellence, reconnu par les plus grands savants occidentaux et orientaux. Max Müller, le célèbre spécialiste des langues orientales, déclare :

« Si je devais regarder le monde entier pour découvrir le pays le plus richement doté de toute la richesse, de la puissance et de la beauté que la nature peut accorder – dans certaines régions un véritable paradis sur terre – je citerais l'Inde. Si l'on me demandait sous quel ciel l'esprit humain a le plus pleinement développé certains de ses dons les plus précieux, a le plus profondément réfléchi aux plus grands problèmes de la vie et a trouvé à certains d'entre eux des solutions qui méritent bien l'attention même de ceux qui ont étudié Platon et Kant – je devrais citer l'Inde. Et si je me demandais de quelle littérature nous, ici en Europe, qui avons été nourris presque exclusivement de la pensée des Grecs et des Romains, et d'une race sémitique, la juive, pourrions tirer le correctif le plus nécessaire pour rendre notre vie intérieure plus parfaite, plus complète, plus universelle, en fait plus véritablement humaine, une vie non seulement pour cette vie, mais une vie transfigurée et éternelle – je devrais encore une fois citer l'Inde. " [1]

En outre, Sir Monier -Williams, autrefois professeur Boden de sanskrit à l'Université d'Oxford, célèbre traducteur de théâtre sanscrit et auteur de nombreux ouvrages sur l'histoire et la littérature, parle de la culture de cet ancien peuple de l'Inde, à partir d'une connaissance intime de l'Inde. dérivé d'une longue résidence dans le pays lorsqu'il écrit :

« En effet, je suis profondément convaincu que plus nous en apprendrons sur les idées, les sentiments, les dérives de pensée, le développement religieux et intellectuel, les excentricités et même les erreurs du peuple indien, moins nous serons prêts à les juger par nos propres moyens. normes européennes conventionnelles - moins nous sommes disposés à nous considérer comme les seuls dépositaires de toutes les véritables connaissances, savoirs, vertus et raffinements de la vie civilisée - moins nous sommes enclins à mépriser comme une race ignorante et inférieure les hommes qui ont compilé les lois de Manu, un des productions remarquables du monde - qui ont composé des systèmes d'éthique dignes du christianisme - qui ont imaginé le *Ramayna* et *le Mahabharata* , *des poèmes* surpassant à certains égards l'Iliade et l'Odyssée - qui ont inventé pour eux les sciences de la grammaire, de l'arithmétique, de l'astronomie, de la logique, et six systèmes de philosophie les plus subtils. Surtout, nous serons moins enclins à stigmatiser comme païens ignorants les auteurs de deux religions, aussi fausses soient-elles, qui sont actuellement professées par environ la moitié de la race humaine. [2]

Une telle civilisation a construit l'énorme littérature hindoue incarnée dans les *Vedas* , *les Upnishads* , les poèmes épiques du *Ramayna* et *du Mahabharata* et les œuvres immortelles de Kalidasa , une littérature comprenant en elle-même une réalisation de l'esprit humain qui peut être considérée comme sublime. , et dont toute civilisation, ancienne ou moderne, peut se sentir à juste titre fière. Le mérite poétique de Kalidasa *Sakuntala* est universellement reconnu et se classe parmi les meilleurs chefs-d'œuvre de l'art dramatique au monde. Sa beauté de pensée et sa tendresse dans l'expression de ses sentiments sont exquises, tandis que sa fantaisie créatrice est riche et le charme de son esprit est plein. Goethe dit :

« Voudrais-tu les jeunes fleurs de la vie et les fruits de son déclin,

Tout cela par lequel l'âme est satisfaite, ravie, régalée, nourrie, -

Voudrais-tu que la terre et le ciel lui-même se combinent en un seul doux nom ?

Je te nomme, ô Sakuntala , *et tout à coup est dit* .

Les poèmes épiques du *Ramayna* et *du Mahabharata* sont constitués d'histoires et de légendes qui forment une superbe superstructure sur les enseignements contenus dans les écritures antérieures des *Vedas* . En racontant ce que pensaient, disaient et faisaient les hommes et les femmes de cette époque, ces poèmes illustrent de manière très instructive le caractère général et la culture des premiers hindous. Les histoires contenues dans ces poèmes, qui rivalisent en fait avec les poèmes épiques les plus connus du monde, nous racontent les pensées et les croyances, les espoirs et les peurs, les joies et les peines des gens de cette première période enregistrée. À travers ces histoires, nous apprenons les concepts fondamentaux qui régissaient la vie religieuse et sociale des premiers hindous ; ils révèlent également les lois morales et spirituelles fondamentales qui régissaient les actions, « non seulement des dieux et des hommes surnaturels, mais aussi des hommes et des femmes ordinaires de l'Inde ». « Ils expliquent – en montrant les degrés de danger encourus par des vices tels que la colère et l'orgueil, la tromperie et l'infidélité, l'intempérance et l'impiété – les conséquences néfastes des transgressions morales des lois humaines et surnaturelles ; et en même temps, ils soulignent la beauté de vertus telles que la patience et la maîtrise de soi, la véracité et la pureté, l'obéissance et l'amour filial. [3]

Pour illustrer la nature fascinante et élevée de son idéalisme élevé, nous citerons deux passages du *Ramayna* . Dans le premier, Rama, le roi idéal, est déterminé à exécuter la volonté de son défunt père en restant dans les forêts en exil pendant quatorze ans. Sita , sa femme et héroïne de l'histoire, supplie son seigneur et mari de lui permettre de l'accompagner dans son exil dans les forêts et offre une image hautement expressive d'un pieux amour conjugal. Sita dit :

« Tu es mon roi, mon guide, mon seul refuge, ma divinité.

C'est ma résolution ferme de te suivre. Si tu dois errer

À travers des forêts épineuses sans piste, j'irai devant toi, foulant aux pieds

Les ronces épineuses pour aplanir ton chemin. Marchant devant toi, je

Je ne ressentirai aucune lassitude : les épines de la forêt ressembleront à des robes de soie ;

Le lit de feuilles, un canapé en duvet. Pour moi l'abri de ta présence

Vaut mieux que les palais majestueux et le paradis lui-même.

Protégés par ton bras, les dieux, les démons, les hommes n'auront aucun pouvoir pour me faire du mal.

En errant avec toi dans les déserts, mille ans seront un jour ;

Habiter avec toi, même l'enfer lui-même serait pour moi un paradis de bonheur. »

Dans la deuxième sélection, on entend Rama répondre aux supplications de Bharata , qui a tenté en vain de le dissuader de réaliser son dessein. Voici la réponse de Rama au messager de Bharata :

« Les paroles que vous m'avez adressées, bien qu'elles recommandent ce qui *semble* juste et salutaire, conseillent en fait le contraire. Le transgresseur pécheur, qui vit selon les règles des systèmes hérétiques, n'obtient aucune estime des hommes bons. C'est une bonne conduite qui caractérise un homme comme étant noble ou ignoble, héroïque ou prétendant à la virilité, pur ou impur. La vérité et la miséricorde sont des caractéristiques immémoriales de la conduite d'un roi. La règle royale est donc dans son essence *la vérité* . Le monde est fondé sur la vérité. Les sages et les dieux ont estimé la vérité. L'homme qui dit la vérité dans ce monde atteint l'état impérissable le plus élevé. Les hommes reculent de peur et d'horreur devant un menteur comme devant un serpent. Dans ce monde, l'élément principal de la vertu est la vérité ; c'est ce qu'on appelle la base de tout. La vérité est maîtresse du monde ; la vertu repose toujours sur la vérité. Toutes choses sont fondées sur la vérité ; rien n'est plus haut que cela. Pourquoi, alors, ne devrais-je pas être fidèle à ma promesse et observer fidèlement l'injonction véridique donnée par mon père ? Ni par convoitise, ni par illusion, ni par ignorance, submergé par les ténèbres, je ne franchirai la barrière de la vérité, mais je resterai fidèle à la promesse faite à mon père. Comment pourrais-je, lui ayant promis de résider ainsi dans les forêts, transgresser son injonction et faire ce que Bharata recommande ?

Dans *le Mahabharata* , nous trouvons encore la preuve de la haute estime dans laquelle les vertus viriles d'authenticité, de charité, de bienveillance et de chevalerie envers les femmes étaient tenues par les anciens hindous. L'incident le plus important du drame (Mahabharata), à savoir la mort de Bhishma , s'est produit lorsque cet homme courageux et vertueux, fidèle à son engagement de ne jamais blesser une femme, a refusé de se battre et a été tué par un soldat vêtu d'un vêtement de femme.

Le drame est plein de maximes morales, autour de chacune desquelles le poète a tissé une histoire d'une manière belle et élégante.

« Si la Vérité et cent chevaux sacrifiés étaient pesés ensemble, la Vérité pèserait le plus lourd. Il n'y a pas de vertu égale à la Vérité, et pas de péché plus grand que le mensonge. »

« Pour les faibles comme pour les forts, le pardon est un ornement. »

"Une personne ne devrait jamais faire aux autres ce qu'elle n'aime pas qu'on lui fasse, sachant combien cela est douloureux pour elle-même."

"L'homme qui ne parvient pas à protéger sa femme gagne ici une grande infamie et va ensuite en enfer."

Ces grands poèmes épiques méritent particulièrement notre attention, car non seulement ils illustrent le génie d'un peuple des plus intéressants, mais ils sont encore aujourd'hui considérés comme entièrement et littéralement vrais par la vaste population de l'Inde. « D'immenses congrégations d'hommes et de femmes pieux écoutent jour après jour avec une attention passionnée les récits de ces vieilles histoires nationales avec leurs incidents frappants d'élévation morale et d'inspiration ; et une grande partie du peuple indien ordonne sa vie sur les modèles fournis par ces vénérables épopées.

Jusqu'à une époque très récente, l'assujettissement de la femme était accepté comme une chose naturelle par l'Occident tout entier. Aux yeux de la loi, la femme n'était pas meilleure qu'une esclave, et elle était considérée comme utile dans la société simplement pour servir et satisfaire l'homme, son maître. En réalité, une telle situation constitue une page sombre de l'histoire de la race. Mme Carrie Chapman Catt, dans son avant-propos de Mill's *Subjection of Women* , écrit :

« Pour défendre ces expressions [soumission et esclavage utilisées dans l'essai de Mill] et le caractère général de l'essai, il faut dire que la position des femmes dans la société à cette époque [1869] n'était comparable à celle d'aucune autre classe sauf celle des femmes. esclave. De même que l'esclave prenait le nom de son maître, de même la femme, lors du mariage, abandonnait le sien et prenait celui de son mari. Comme l'esclave, la femme mariée n'était autorisée à posséder aucune propriété ; car, lors du mariage, ses biens réels et personnels, et tout ce qu'elle a acquis par la suite par donation, testament ou son propre travail , étaient absolument sous le contrôle de son mari et soumis à ses dettes. Il pourrait même lui retirer sa part de mariage et la laisser sans ressources. Les gains de l'esclave appartenaient au maître, ceux de la femme au mari. Ni l'esclave ni la femme ne pouvaient conclure un contrat légal, poursuivre ou être poursuivi, créer une entreprise, témoigner au tribunal ou signer un document en tant que témoin. On disait que tous deux étaient « morts en droit ».

« Les enfants de l'esclave appartenaient au maître ; ceux de la femme au mari. Même après la mort du mari, la femme n'était pas la tutrice légale de ses propres enfants, à moins qu'il ne le lui fasse par testament. De son vivant, il pouvait les donner et, à sa mort, il pouvait les vouloir à sa guise. Il dictait la forme d'éducation et de religion à leur enseigner, et si les parents différaient en matière de religion, la femme était obligée d'enseigner la foi de son mari. Comme l'esclave, si la femme quittait son mari, elle ne pouvait rien emporter avec elle, car elle n'avait aucun droit légal sur ses enfants, ses vêtements, ni ses biens les plus personnels.

« Dans de nombreux pays, la loi donnait aux maris le droit de fouetter leur femme et d'administrer d'autres punitions en cas de désobéissance, à condition qu'ils respectent certaines restrictions légales. Dans la mémoire de ceux qui vivaient à l'époque de Mill, battre sa femme était un délit courant en Angleterre et en Amérique, les maris affirmant qu'ils étaient tout à fait dans leur « droit » lorsqu'ils le faisaient.

« ... L'éducation, toujours considérée comme le signe le plus certain de progrès individuel, était soit interdite, soit désapprouvée pour les femmes. Aucun collège et quelques lycées, sauf aux États-Unis, n'étaient ouverts aux femmes. Les écoles communes étaient moins fréquentes pour les filles que pour les garçons et le nombre de femmes totalement analphabètes dépassait largement le nombre d'hommes analphabètes. La religion était recommandée aux femmes comme un réconfort naturel et une voie utile, mais elles n'étaient pas autorisées à prêcher, enseigner ou prier dans la plupart des églises, et dans de nombreuses églises, le chant était également interdit ! Les professions libérales et les métiers plus spécialisés leur étaient fermés.»

Qu'un tel état de choses ait jamais été toléré dans les pays avancés d'Europe et d'Amérique nous paraît incroyable à nous, Indiens. Mais c'est néanmoins vrai. Comme dans le cas d'autres lois sociales, l'assujettissement de la femme était le résultat des idéaux fondamentaux (ou du manque d'idéaux) qui régissaient la société occidentale de cette époque. Les hommes étaient encore dans ce faible état de développement dans lequel « la force avait raison » et dans lequel la loi de la force supérieure était la règle de la vie. Aucune prétention n'était faite de régler les affaires de la société selon une quelconque loi morale. La loi physique qui sanctionnait le trafic des esclaves humains soutenait en même temps la servitude du sexe faible.

Nous vivons aujourd'hui à une époque où la loi du plus fort, du moins en principe, a été abandonnée comme maxime directrice de la vie. Elle est encore très largement pratiquée dans les relations individuelles et nationales, mais toujours sous couvert d'objectifs sociaux et culturels supérieurs. La loi de la force, en tant que règle avouée de conduite générale, a cédé la place aux idéaux d'égalité sociale, de fraternité humaine et de bonne volonté internationale. Il reste à déterminer dans quelle mesure ces idéaux sont activement suivis par les différents peuples du monde ; mais leur profession de symbole d'une bonne culture est au moins universelle.

L'émancipation de la femme en Occident est donc une réalisation très récente. Pourtant, la plupart des penseurs considèrent à juste titre qu'il s'agit du plus grand pas en avant dans le progrès de la race humaine. Son importance considérable dans le développement futur de la race est désormais prise en compte par toutes les classes sociales du monde entier. En fait, le statut social de la femme dans toute société est considéré par la plupart des gens, à juste titre, comme le test de sa civilisation.

À travers quelles difficultés et dangers, privations et humiliations a parcouru le chemin épineux et difficile des premiers dirigeants du mouvement pour le suffrage des femmes. Les actes de véritable noblesse et de détermination héroïque accomplis par les pionniers de l'émancipation des femmes sont très peu connus de l'homme et de la femme moyens d'aujourd'hui. Combien les obstacles placés sur le chemin de ces pionniers par leurs adversaires acharnés étaient nombreux et difficiles, combien amères étaient la nature de leurs persécutions, combien les insultes qui leur étaient adressées étaient mesquines et ignobles, et quelle était l'attitude aveugle et obstinée des la classe dirigeante à sa simple revendication de justice sont peu compris par ceux qui jouissent de l'héritage laissé par ces libérateurs.

Le grand idéalisme qui a inspiré le mouvement des suffragettes militantes en Angleterre se manifeste dans chacune de leurs paroles et dans chacune de leurs actions. Leurs méthodes de souffrance pacifique, silencieuse, digne, consciente et courageuse, contrastées avec les attaques perfides, lâches, honteuses, peu viriles et brutales de leurs adversaires, ont reçu des considérations de grand mérite de la part de toutes les couches d'hommes honnêtes et impartiaux du monde. sur. Des femmes vertueuses appartenant aux plus hautes conditions de la vie et possédant des qualités de courage, de pureté et d'abnégation rares étaient attaquées de la manière la plus lâche par des bandes de voyous robustes, « tombées à terre, frappées au visage, grenouilles... » marchaient et se balançaient çà et là sans vergogne. « Les femmes oratrices ont été agressées avec des souris mortes et des troupeaux de souris vivantes, et des vols de moineaux ont été lâchés dans leurs réunions. Des bandes rémunérées d'hommes ivres étaient envoyées aux rassemblements de femmes pour chanter des chansons obscènes et couvrir les voix des orateurs avec le cliquetis des boîtes de conserve et le tintement des cloches. Des bandes de suffragettes ont été attaquées, abattues, inconscientes et chassées sur des routes mouillées recouvertes de carbure par des bandes de volontaires libéraux. Les dirigeants des suffragettes ont été emprisonnés dans les prisons d'Angleterre par groupes de centaines à la fois et ont été infligés à la punition fantaisiste de l'alimentation forcée au moyen d'un tube inséré dans l'estomac, un processus qui provoque une douleur intense et persistante. [4] Ce traitement barbare excita à la fois l'horreur et l'indignation du monde civilisé tout entier. Pourtant, toutes ces brutalités ont été perpétrées sous le nez, en fait, sous la direction des membres libéraux à part entière du cabinet britannique.

Lors d'une réunion de campagne tenue à Swansea, au cours de laquelle les suffragettes ont tenté de poser des questions à M. Lloyd-George concernant son attitude sur le problème du droit de vote des femmes, il aurait utilisé des termes tels que « désolé, spécimens de féminité », « Je pense qu'un il faut essayer le bâillon », « Peu à peu, nous devrons commander des sacs pour eux, et le premier à les interrompre disparaîtra », « les jeter impitoyablement dehors » et « les faire marcher en grenouille ». Lors d'une autre réunion tenue à Manchester, le 4 février 1906, où M. Winston Churchill a pris la parole, en posant une question très simple, la fille de quatorze ans de Mme Pankhurst, Adela, a été sauvagement attaquée, renversée et frappée par plusieurs hommes. .

Les expériences malsaines et amères des suffragettes pacifiques et douces lors des deux campagnes électorales de mai 1907 sont décrites par Miss Sylvie E. Pankhurst comme suit :

« Après ces réunions houleuses, la police et de nombreux sympathisants nous raccompagnaient toujours chez nous pour nous protéger des voyous. Juste au moment où nous atteignions notre porte, il y avait généralement une petite bagarre avec une bande de jeunes qui attendaient là pour nous jeter du sable et du gravier à notre passage. A Uppingham , la deuxième plus grande ville, l'élément hostile était plus petit qu'à Oakham. , mais ses méthodes étaient plus dangereuses. Un soir, alors que Mary Gawthorpe y tenait une réunion en plein air, une foule de jeunes bruyants se mit à vomir des « yeux de bœuf » à la menthe poivrée et d'autres friandises dures. " Des bonbons aux bonbons ", dit la petite Mary en souriant et elle continua sa dispute, mais un œuf en pot, lancé par la foule derrière elle, la frappa à la tête et elle tomba inconsciente... "

C'est ce qui s'est passé le 16 octobre 1909, lors d'un rassemblement en plein air près de Dundee, où M. Winston Churchill devait prendre la parole :

« ... Debout sur la route, il y avait une trentaine ou une quarantaine d'hommes, tous portant les rosettes jaunes des délégués syndicaux libéraux officiels, et alors que la voiture (contenant quatre suffragettes éminentes) ralentissait, ils se précipitèrent furieusement vers elle, criant et arrachant des mottes de terre.

route et en jetant les femmes avec eux. Un homme a sorti un couteau et a commencé à couper les pneus, tandis que les autres retiraient fébrilement les morceaux avec leurs doigts. Les suffragettes essayèrent de les calmer par quelques mots d'explications, mais leur seule réponse fut de tirer le capot du moteur sur la tête des femmes, puis de le battre et de le frapper jusqu'à ce qu'il se brise en plusieurs endroits. Ensuite, ils ont déchiré les vêtements des femmes et ont essayé de les faire sortir de la voiture, tandis que le fils de l'homme sur le terrain duquel se tenait la réunion arrivait dans un autre moteur et jetait une pluie de poivre dans les yeux des femmes. La seule excuse pour les stewards qui ont participé à cet événement extraordinaire est que beaucoup d'entre eux étaient en état d'ébriété. [5]

Et le plus pitoyable de l'affaire était qu'une telle conduite semblait être considérée par ses auteurs comme un acte de bravoure.

Même si la récitation de ces incidents pourrait se poursuivre indéfiniment, un seul suffirait à montrer avec quel mépris et quel déshonneur le monde occidental a traité ses femmes. Le 2 août 1909, une grande fête libérale eut lieu à Canford Park, près de Poole dans le Dorsetshire . Il y avait du sport et des jeux et M. Churchill devait prononcer un discours sur le budget. Annie Kenney et trois compagnons ont assisté à la fête, et l'histoire de ce qui s'est passé est mieux racontée dans ses propres mots. Elle dit:

« Alors que nous entrions ensemble dans le parc, nous avons vu deux très jeunes filles traînées par une foule d'hommes libéraux, dont certains étaient assez vieux pour être leurs pères. Ils leur avaient jeté un filet à cochons et leur avaient arraché les cheveux. Nous avons appris par la suite que ces filles venaient d'un village voisin, mais les libéraux les soupçonnèrent d'être des suffragettes et leur ordonnèrent de quitter le parc. ..., mais ils étaient entassés autour de nous et le langage qu'ils utilisaient n'est pas digne d'être imprimé.... Ils s'appelaient pour m'attraper et me jeter dans l'étang qui était tout près..., mais dès que j'ai eu le dos tourné, ils ont commencé à me traîner de la manière la plus honteuse. Un homme qui portait les couleurs libérales a sorti un couteau de sa poche et, au grand plaisir des autres fervents libéraux, a commencé à couper mon manteau. Ils le coupèrent en lambeaux, du cou vers le bas. Ensuite, ils ont soulevé mon manteau et ont commencé à couper ma robe et l'un d' eux a soulevé ma robe et a coupé mon jupon. Cela a suscité un grand enthousiasme. Un cri est venu de ces libéraux, qui sont censés avoir de hautes idées dans la vie publique , pour me déshabiller. Ils m'ont enlevé mon chapeau et m'ont tiré les cheveux, mais je me suis retourné vers eux et leur ai dit que ce serait leur honte et non la mienne. Ils se sont alors arrêtés pendant une minute, puis deux hommes, portant également les couleurs libérales , m'ont saisi, m'ont soulevé et m'ont ensuite traîné, ne me donnant pas l'occasion de sortir décemment. [6]

L'héroïsme et le génie rare de Mme E. Pankhurst et de ses associés dans le mouvement des suffragettes seront reconnus aussi bien par leurs amis que par leurs ennemis. Par leurs souffrances, ils ont légué aux femmes du monde occidental l'héritage inestimable de la Liberté, et ont ainsi fait un grand pas en avant dans le progrès de la race humaine. Mme Pankhurst possédait sans aucun doute un caractère ferme, un esprit élevé, un cœur généreux, un bon sens fort et vigoureux. Nous appellerons l'émancipatrice de la féminité anglaise une grande femme, en utilisant ce mot non pas comme un titre bon marché et dénué de sens, mais comme exprimant trois éléments essentiels de grandeur, à savoir le altruisme, l'honnêteté et l'audace. Elle qui a tout sacrifié pour la voix de la justice et s'est soumise, elle et ses trois jeunes filles, aux cruelles indignités et aux épreuves de la vie en prison pour le bien de ses semblables, était une femme altruiste, honnête et audacieuse, — une grande femme — en le meilleur sens du mot. Et en cette époque lointaine, comme preuve de notre honnête affection et de notre admiration pour sa bonté et sa vertu, nous pouvons nous permettre d'exprimer un sentiment mêlé de tristesse et de joie face à ses souffrances prolongées et à son succès final.

En Inde, au contraire, dans le développement de leur merveilleuse civilisation, les hommes et les femmes ont joué un rôle égal. Les deux sexes ont travaillé côte à côte dans toutes les branches de leur effort spirituel, et les femmes ont atteint la même éminence que les hommes dans les études supérieures. Les hymnes védiques mentionnent à la fois les hommes et les femmes comme révélateurs divins de la Vérité et comme instructeurs spirituels de l'humanité. En fait, le Rig Veda, le plus ancien document scripturaire du monde, contient des hymnes révélés par des femmes ; et le dieu hindou, Indra , est décrit comme étant initié à la connaissance de l'Esprit Universel par la femme Aditi. De plus, les Upnishads , la partie philosophique du Veda, mentionnent fréquemment les noms de femmes qui ont discuté de sujets philosophiques avec les hommes philosophes les plus érudits de l'époque. Les femmes érudites étaient souvent nommées arbitres et arbitres dans d'importants débats philosophiques, et les noms des deux femmes philosophes, Gargi et Maitreyi , sont familiers à tous les étudiants en philosophie hindoue. En d'autres termes, les chemins de la culture intellectuelle étaient également ouverts aux hommes et aux femmes, dans des circonstances exactement similaires. En fait, l'esprit même d'une telle égalité est inculqué dans l'esprit des gens à la fois par leur loi et par leur religion qui ne faisait aucune distinction entre les sexes dans l'attribution des honneurs pour le mérite. Les législateurs de l'Inde, tirant les leçons des Vedas, ont établi l'égalité fondamentale de l'homme et de la femme en définissant ainsi le rapport des sexes :

"Avant la création de cet univers phénoménal, le premier Seigneur né de toutes les créatures s'est divisé en deux moitiés, de sorte qu'une moitié soit masculine et l'autre moitié féminine."

Non seulement dans le domaine des études, mais aussi dans les affaires pratiques du monde, les femmes indiennes se sont éminemment distinguées en tant que législatrices, ministres, dirigeantes commerciales et commandantes militaires. Les hommes, les femmes et les enfants de toute l'Inde connaissent l'histoire de la reine Chand Bibi, qui a défendu Ahmedanagar pendant le long siège du Grand Moghol ; les poètes ont également chanté sa valeur et sa sagesse administrative. Un autre exemple de reconnaissance des capacités des femmes est l'histoire de Nur Jahan (Lumière de l'Univers), la belle reine de l'empereur moghol Jahangir, qui a dirigé les affaires des vastes territoires de son mari d'une manière très efficace pendant une période. de près de dix ans. En outre, et bien connue de tous les étudiants en histoire, est l'histoire de Mumtaz - i -Mahal, épouse de l'empereur Shah Jahan, qui l'a aidé dans ses travaux administratifs et dans la construction des bâtiments célèbres de son époque. Cette femme, décrite comme une personne d'une dignité, d'une délicatesse et d'un charme sans précédent, fut de son vivant « la lumière de ses yeux » et après sa mort la source perpétuelle d'inspiration de l'empereur endeuillé. Sur son lit de mort, Mumtaz , la compagne bien-aimée des jours heureux de sa vie et mère de ses six enfants, a demandé à Shah Jahan qu'un mémorial digne d'une reine soit placé sur sa tombe. Conformément à cette demande, et en signe de son amour incessant pour la reine défunte, l'empereur fit construire sur sa tombe le célèbre Taj Mahal, monument qui par sa beauté a rendu immortel l'amour qu'il commémore. Le plus bel édifice du monde est un mémorial de l'amour de l'homme pour sa femme, un amour invincible, ininterrompu et insatisfait. Sir Edwin Arnold déclare :

"Il a immortalisé - s'il n'a pas pu rester en vie pendant un bref jour - sa femme sans égal... L'admiration, le plaisir, l'étonnement se mélangent dans la pensée absorbée avec le sentiment que l'affection humaine n'a jamais lutté avec plus d'ardeur, de passion et de triomphe contre l'Oblivion. de la mort. Il y a là une tristesse d'orgueil soutenue, harmonieuse et majestueuse, depuis le verset sur l'entrée qui dit que « celui qui a le cœur pur entrera dans les jardins de Dieu », jusqu'aux petites et délicates lettres arabes sculptées sur la pierre tombale qui racontent : , avec une humilité raffinée, que Mumtaz - i- Mahal, le « Exalté du Palais », repose ici, et que « Allah seul est puissant. » » [7]

Le commandement héroïque de ses propres forces par la Rani (reine) de Jhansi pendant la guerre d'indépendance indienne en 1857 est un exemple familier et plus récent d'une femme qui se lance dans les affaires pratiques. Vêtue d'un uniforme d'homme, elle chevaucha à la tête de ses troupes et mourut d'une mort courageuse et patriotique sur le champ de bataille. Le nom de Rani Jhansi est mentionné parmi les héros célèbres du pays et, en hommage particulier à sa mémoire aimante, sa photo en uniforme de général est conservée dans de nombreux foyers. La société indienne ne s'oppose pas à la participation active de ses femmes aux affaires supérieures de la vie nationale. Si les déclarations positives d'un groupe de critiques occidentaux étaient vraies, l'action de Rani Jhansi serait condamnée au lieu d'être aussi universellement applaudie qu'elle l'est aujourd'hui, même par les vieilles dames hindoues les plus orthodoxes.

Ainsi, tout au long de la longue histoire de l'Inde, les femmes n'ont été empêchées par aucune restriction imposée par l'homme de servir dans la vie religieuse du pays, de combattre sur les champs de bataille et de détenir le pouvoir dans ses conseils. Dans la génération actuelle, nous constatons que les femmes jouent à nouveau un rôle actif et important dans les affaires du pays. Ils jouissent de la plus grande liberté d'expression, dont ils semblent avoir profité d'une manière hautement honorable et appropriée, sans sacrifier l'admiration et le respect des hommes. Dans les moments où leur pays était dans le besoin, ils ont donné des preuves de patriotisme par un sacrifice de soi qui parle le langage de l'amour et du dévouement à la patrie. Avec un désir volontaire de coopérer , les hommes de l'Inde ont donné aux femmes du pays une large part dans ses conseils et les ont invitées à leurs conférences nationales d'importance. Dans les délibérations intérieures et plus importantes de ses dirigeants, leur influence est évidente, et à toutes les occasions de manifestation nationale, les femmes de l'Inde sont représentées.

Shrimati Lajiavati — figure frêle et délicate, mais beau modèle de courage et de dignité féminine — s'est conquise au Pendjab un lieu qui s'apparente étroitement au culte. Elle a fondé et dirige aujourd'hui l'Arya Samaj . Kanya Mahavidyala (école de filles) dans la ville de Jallundhar , Pendjab. Shrimati est un autre exemple de femme moderne en Inde, qui jouit d'une grande estime auprès de ses compatriotes. Ramabaï Ranade . Son travail en tant que secrétaire de Seva Sadhan , une société de travail social parmi les femmes du pays, a été largement reconnue. Au cours du débat sur le projet de loi sur le droit de vote des femmes au Conseil législatif de Bombay, un honorable membre a fait remarquer, sous les plus grands applaudissements de la saison : « Il n'y a aucun Conseil qui ne serait pas honoré, honoré et aidé par la présence d'une femme telle qu'une qui est connue de nous tous, Mme Ramabai Ranadé . » Mme Margaret E. Cousins, décrivant son entretien avec Mme Ranade , déclare :

« Je lui ai demandé : « Que pensez-vous de l'avenir des femmes en Inde ? «C'est plein d'espoir et de promesses», a-t-elle répondu et, ce faisant, elle m'a spontanément pris la main et l'a serrée. Cela touche une occidentale lorsque sa sœur orientale fait cela. Il comble les fossés et tisse la fraternité humaine. Comme Mirabai de l'intuition du poète, elle

Porte des petites mains

Tel que Dieu fait pour détenir de grandes destinées.

"Ses mains ont révélé son âme, car dans leur toucher se trouvaient une douceur douce et une forte vitalité qui m'inspirent encore et qui promettent la bénédiction de ses remarquables pouvoirs au service de l'humanité pour les années à venir." [8]

Où est l'Indien dont le cœur ne bat pas de joie à l'évocation de Mme Sarojini Naidu ? Qui ne se souvient avec des sentiments d'exultation fière du nom de cette sœur bien-aimée et vénérée, celle qui est le symbole du patriotisme et une fleur de la beauté et de la culture féminines, de l'âme élevée de laquelle rayonnent la grâce, le charme et l'affection, et qui est la objet de l'adoration de ses compatriotes ? En 1925, en reconnaissance de ses multiples vertus, le peuple indien l'a exaltée à la position la plus élevée à son pouvoir ; elle a été élue à l'unanimité présidente du Congrès national indien. [9] *Dans toute l'histoire de l'humanité, aucune femme n'a été plus honorée par ses compatriotes. que Mme Sarojini Naidu.* Lisez ses poèmes et vous trouverez le cœur d'une femme qui cherche toujours la satisfaction d'un amour affamé :

" *Cache-moi dans un sanctuaire de roses,*

Noie-moi dans un vin de roses,

Tiré de chaque bosquet parfumé ! »

Écoutez son éloquence musicale sur la plateforme nationaliste de l'Inde, et vous entendrez le cri du cœur d'un patriote gémissant sous le poids de l'humiliation de son pays face au joug étranger impitoyable.

"Nos arts ont dégénéré, nos littératures sont mortes, nos belles industries ont péri, notre valeur est finie, nos feux s'éteignent, notre âme sombre."

Une preuve plus frappante de la confiance et du respect que les hommes indiens portent à leurs femmes a été donnée lors des débats sur les projets de loi sur le droit de vote des femmes dans les conseils législatifs provinciaux du pays. Le Comité de franchise de Southborough, formé pour étudier les conditions générales du pays en vue d'accorder le droit de vote au peuple indien, avait exprimé dans son rapport au gouvernement britannique de l'Inde (1919) sa décision de ne pas accorder le droit de vote au peuple indien. Femmes indiennes. Cette décision a été confirmée par le gouvernement britannique de l'Inde dans la déclaration suivante : « Dans les conditions actuelles de l'Inde, nous sommes d'accord avec eux [le comité de Southborough] sur le fait qu'il n'est pas pratique d'ouvrir le droit de vote aux femmes. » Sir C. Sankaran Nair, membre indien du Conseil exécutif, a élevé contre cette décision du gouvernement une vive protestation, fondée sur la solidité des preuves présentées devant le Comité de Southborough en faveur de l'octroi du droit de vote aux femmes. Son affirmation fut en outre confirmée par la résolution adoptée lors de deux sessions successives du Congrès national indien (Calcutta 1917 et Delhi 1918). Cette résolution exprimait de manière sans équivoque l'opinion de la nation indienne sur l'importante question du droit de vote des femmes :

"Les femmes possédant les mêmes qualifications que celles prévues dans n'importe quelle partie du programme [de réforme] ne seront pas disqualifiées en raison de leur sexe."

Une formidable agitation a eu lieu en Inde après la publication de la dépêche du gouvernement indien défavorable aux droits des femmes. À la suite de cette agitation, une disposition fut adoptée selon laquelle les législatures provinciales avaient le pouvoir d'admettre ou d'exclure les femmes du droit de vote à leur guise. Fidèles à leurs traditions et suivant l'enseignement de leurs voyants anciens et modernes, la majorité des provinces ont déjà accordé le droit de vote aux femmes au même titre qu'aux hommes. Cette expérience est sans égal dans toute l'histoire de l'humanité. Partout ailleurs où les femmes jouissent du droit de vote ou de propriété, elles ont dû mener une bataille impliquant des épreuves prolongées et des indignités scandaleuses qui leur ont été imposées par le sexe dirigeant indigné et souvent barbare. L'Inde est le seul pays civilisé au monde dans lequel les femmes des temps modernes ont obtenu le droit de vote sur l'égalité avec les hommes sans une seule manifestation d'insulte ou de manque de respect à l'encontre de leur aspirante féminité. Ne serait-ce que pour d'autres raisons, le respect que le peuple indien a montré au désir de ses femmes d'obtenir le droit de vote devrait leur donner droit à une place élevée sur l'échelle de la civilisation.

Mme Margaret E. Cousins est une figure internationale du mouvement pour le droit de vote des femmes, raison pour laquelle elle a été emprisonnée en Irlande et en Angleterre. Elle est également fondatrice et secrétaire honoraire de la Women's Indian Association avec ses cinquante branches réparties à travers le pays, et vit depuis douze ans parmi les femmes de l'Inde entretenant des relations d'amitié intime. Mme Cousins n'est en aucun cas accro aux flatteries aveugles, mais elle dit :

« Si l'on se tourne vers l'Inde, on constate que, même si le pourcentage d'éducation est terriblement faible, la tradition du droit indien laisse les femmes très libres d'occuper n'importe quelle position pour laquelle elles se montrent capables. Aucune organisation politique indienne n'a jamais été fermée aux femmes. À chaque étape de l'histoire de l'Inde, les femmes ont occupé des postes élevés dans la fonction publique de leur pays. De leur philosophie religieuse découle fondamentalement une croyance en l'égalité des sexes, et cela se manifeste lorsque les périodes critiques l'exigent. Cela a été clairement démontré lors du mouvement des dix dernières années en faveur de l'autonomie gouvernementale. Les femmes ont eu leur part dans toutes les conférences locales et au Congrès national. Personne qui était présent ne peut facilement oublier la vue de la tribune du Congrès de Calcutta de 1917, lorsque trois femmes leaders, Mme Annie Besant, présidente du Congrès, Mme Sarojini Naidu, représentante des femmes hindoues, et Bibi Ammam , mère des frères Ali et représentant des femmes musulmanes, étaient assis côte à côte, pairs de dirigeants masculins (également présents) tels que Tilak , Gandhi et Tagore, et recevaient le même honneur qu'eux. [dix]

En tant que contribution distincte à la solution des problèmes sociaux du monde, les *Indiens de l'Est* , en permettant à la femme l'exercice de son libre arbitre et l'entière responsabilité de tous ses actes, ont établi le fait qu'une femme livrée complètement à elle-même avec la possibilité de développer librement ses instincts et ses facultés, peut égaler l'homme en raison, en sagesse et en droiture, et le surpasser en délicatesse et en dignité.

La religion hindoue a toujours défendu l'égalité absolue de la femme avec l'homme. Dans les domaines religieux comme laïcs, la femme hindoue est considérée comme l'égale de l'homme devant la loi depuis l'origine de la nation hindoue. L'admission des femmes dans les universités américaines n'a commencé que récemment, alors que leur égalité partielle devant la loi, pas encore tout à fait complète, date de moins de vingt ans. Mais en Inde, les femmes jouissent de ces droits et de bien d'autres depuis le début de son histoire. Pour les lecteurs occidentaux qui se sont nourris de manière très peu judicieuse des récits des missionnaires sur l'Inde, avec leurs images colorées de la brutalité des païens envers leurs femmes, cette affirmation peut paraître incroyable. Mais c'est un fait historique incontesté que depuis le début de la loi hindoue, la femme en Inde a plus de droits légaux pour acquérir des connaissances, occuper des fonctions et posséder des biens que ses sœurs américaines n'en ont aujourd'hui. Elle n'a jamais été exclue des institutions nationales d'enseignement supérieur en raison de son sexe et, dans le développement de ses qualités intellectuelles, morales et spirituelles, elle n'a été gênée par aucune loi sociale ou religieuse. Elle s'est présentée devant la loi comme l'égale exacte de l'homme, avec les mêmes droits de posséder des biens , les mêmes droits de s'adresser aux tribunaux et de demander la protection de la loi. Le système de mixité prévalait dans les anciennes universités de Nalanda et de Takhshashila . C'est un fait familier connu de tous les érudits occidentaux que *Sakuntala* , l'héroïne du drame de Kalidasa du même nom, a plaidé sa propre cause devant la cour du roi Dushyanta . Les femmes indiennes ont combattu sur les champs de bataille aux côtés des hommes, ont joué un rôle de premier plan dans leurs débats historiques et philosophiques, ont révélé des vérités spirituelles pour les *Vedas* et ont reçu, en tant que personnifications de la Divinité, le culte de millions d'adorateurs. Par-dessus tout, les femmes indiennes ont régné sur le cœur de leurs maris et de leurs enfants à travers les âges avec un pouvoir qui naît exclusivement de la pureté de caractère et de l'esprit de sacrifice de soi et d'amour. Elles ont gardé leur dignité avec un aplomb qui fait grand honneur au sexe féminin.

La religion hindoue autorise-t-elle donc la servitude de la femme et le fait de battre sa femme est-il autorisé dans la société indienne ? L'épouse hindoue est-elle considérée simplement comme un instrument de plaisir et toute son ambition dans la vie est-elle d'être une servante passive et obéissante du mari ?

Les maximes qui guident la conduite de la société hindoue ont été établies par le grand législateur Manu, en l'an 200 avant JC. Il dit :

« Là où les relations féminines vivent dans le chagrin, la famille périt bientôt ; mais cette famille où ils ne sont pas malheureux prospère toujours.

"Le corps d'une femme ne doit pas être frappé durement, même avec une fleur, car il est sacré."

Qu'une nation qui écoute régulièrement des lectures de poèmes épiques du Ramayana et du Mahabharata matin et soir tous les jours de l'année, et sur les lèvres de laquelle les louanges de Sita , l'épouse idéale (héroïne du Ramayana), dansent pour toujours, devrait être emportée. par le désir de maltraiter sa femme, comme le croient effectivement la plupart des Occidentaux, est tout simplement inconcevable. L'égale de Sita en tant que modèle de chasteté féminine, de droiture, de gentillesse et de dévotion n'a pas été connue dans l'histoire de l'humanité. L'histoire de son exil avec son mari, le roi Rama, sa fidélité et sa spiritualité est connue de chaque enfant né en Inde ; tandis que son personnage sert d'exemple à toutes les femmes hindoues du pays. Avec de tels idéaux constamment à l'esprit et l'influence morale d'une vie de famille paisible et chaste qui les entoure toujours, les femmes de n'importe quelle nation développeront en elles-mêmes un pouvoir qu'il sera impossible à aucun groupe d'hommes, aussi ignoble et vicieux soit-il. , à résister. Et il ne faut pas oublier que les hommes indiens, si lents qu'ils soient à saisir l'esprit militariste de la vie compétitive occidentale, sont à un degré exceptionnel spirituel et religieux dans leur comportement général. Sir Monier -Williams dit :

« La religion, sous une forme ou une autre, entre largement dans leur vie quotidienne [des Indes orientales]. On peut même dire que les idées et les aspirations religieuses – les espoirs et les craintes religieuses – sont étroitement liées à toute la texture de leur constitution mentale. Un ecclésiastique, qui a résidé presque toute sa vie en Inde, m'a un jour fait remarquer qu'il avait vu de nombreux villageois indiens pauvres dont la confiance enfantine en son dieu et dans l'efficacité de ses observances religieuses, dont la simplicité de caractère et l'application pratique des son credo, fait honte à nous, chrétiens. [11]

Et encore, en décrivant le caractère général des femmes hindoues et leur vie de famille, il écrit :

« Les femmes hindoues doivent être pleinement reconnues pour leur stricte exécution des tâches ménagères, pour leur propreté personnelle, leur économie, leur activité et leur fidélité pratique aux doctrines et préceptes de leur religion. Elles sont généralement aimées de leurs maris et ne sont jamais brutalisées. Un ivrogne qui bat sa femme est inconnu en Inde. En retour, les épouses et les mères indiennes se consacrent à leur famille. J'ai souvent vu des épouses faire 108 fois le tour de la plante sacrée *Tulsi* , dans le seul but d'apporter une bénédiction à leur mari et à leurs enfants. Dans aucun autre pays au monde, l'affection familiale et le respect envers les parents ne sont aussi visibles qu'en Inde. Dans de nombreux foyers, le premier devoir matinal d'un enfant lorsqu'il se réveille est de poser sa tête sur les pieds de sa mère en signe d'obéissance filiale. Il ne pourrait pas non plus y avoir de plus grande erreur que de supposer que les femmes indiennes sont sans influence. [12]

NOTES DE BAS DE PAGE :

[1] Max Müller — *Ce que l'Inde peut nous apprendre* .

[2] Sir Monier -Williams — *L'Inde moderne et les Indiens* , page 353.

[3] Oman – *Les grandes épopées indiennes* .

[4] E. Sylvie Pankhurst.

[5] E. Sylvie Pankhurst — *Les Suffragettes* , page 451.

[6] E. Sylvie Pankhurst — *Les Suffragettes* , page 413.

[7] Sir Edwin Arnold — *L'Inde revisitée* , page 211.

[8] Margaret E. Cousins — *L'éveil de la féminité asiatique* , page 114.

[9] Le Congrès national indien est le plus grand organe représentatif de la nation indienne, avec ses ramifications réparties dans tout le pays et composées de milliers de branches. Ses réunions ont lieu chaque année dans différentes régions du pays.

[dix] *L'éveil de la féminité asiatique* , page 9.

[11] Sir Monier -Williams — *L'Inde moderne et les Indiens* , page 54.

[12] Sir Monier -Williams — *L'Inde moderne et les Indiens* , page 318.

Chapitre II

L'IDÉAL HINDOU DU MARIAGE

Des écrivains irresponsables ont discuté du système matrimonial indien d'une manière si irrationnelle et inexacte que le nom *Inde* est devenu, dans l'esprit de l'Occident, synonyme de mariage d'enfants. Ces auteurs ont tenté de montrer que le mariage des enfants est le résultat d'une loi de la religion hindoue qui, selon eux, enjoint strictement aux parents de faire respecter le mariage de leurs filles dès leur plus jeune âge, sous peine de vengeance céleste. Ils disent que la loi exige que les filles soient mariées avant l'âge de la puberté et que, par conséquent, la majorité des filles hindoues deviennent mères neuf mois après avoir atteint la puberté. L'un de ces auteurs [13] reprend quelques lignes de l'essai du poète hindou Tagore dans l'ouvrage de Keyserling. *Book of Marriage* et, mutilant son texte par d'astucieuses omissions, le cite mal pour prouver que le poète est un défenseur du mariage des enfants. Cette tentative impie de l'auteur de déformer le célèbre poète et philosophe mérite une sévère censure. Dans ce chapitre, nous discuterons des faits sur le mariage en Inde et de son sujet connexe, le mariage des enfants.

La religion hindoue interdit strictement le mariage des enfants. La citation suivante du Rig Veda explique l'idéal du mariage :

"La femme doit être la camarade de vie de l'homme, son *Sakhi* , avec le même éventail de connaissances et d'intérêts, mûre dans le corps, l'esprit et la compréhension, capable de nouer une union intentionnelle sur un pied d'égalité avec un homme de statut égal, en tant que partenaire de vie. , de son libre choix, tous deux consacrant leur vie au service du divin Seigneur de l'Univers, tous deux prêts à remplir le but de la vie conjugale à partir du jour du mariage. [14]

La méthode occidentale de mariage par la cour n'est cependant pas la règle en Inde. Bien que la méthode de parade nuptiale soit largement copiée parmi les classes instruites du pays, la coutume dominante du mariage repose toujours sur le choix des parents. Autrefois, le mariage selon le système *Svayambara* , dans lequel la jeune fille choisissait librement son futur compagnon parmi un groupe de prétendants, était couramment pratiqué . Cette pratique a cependant été abandonnée avec l'invasion de l'Inde par les étrangers en raison du désir des Indiens de garder la souche aryenne pure non contaminée par le sang étranger. Depuis lors, les garçons et les filles sont accouplés selon le choix de leurs parents. Cette coutume peut être défendue sur de larges bases sociales et eugéniques. L'argument est que la domination totale des sentiments et du désir individuel dans la méthode de parade nuptiale du mariage nuit à la discipline sociale et est, en règle générale, préjudiciable à la race. Le mariage est un lien sacré et doit être fondé sur un idéal d'union spirituelle des âmes, et non sur des désirs inférieurs de plaisirs sensoriels.

Afin de permettre au lecteur de comprendre pleinement les principes qui sous-tendent le mariage hindou, il sera nécessaire de le familiariser avec les caractéristiques fondamentales qui constituent la base de la structure sociale de la vie de groupe en Inde. Un trait distinctif de l'étude de l'Inde est le caractère collectif de sa vie communautaire. La société hindoue a été fondée sur une moralité de groupe. La société était divisée en différentes classes ou communautés ; « et bien qu'aucun code éthique absolu ne soit considéré comme contraignant pour toutes les classes, au sein d'une classe (ou d'une caste) donnée, la liberté de l'individu doit être subordonnée à l'intérêt du groupe. La notion de devoir était primordiale. [15] L'objectif social doit être servi en premier, et l'ordre social a été placé avant le bonheur de l'individu, qu'il soit homme ou femme.

En Inde, l'origine du mariage ne réside pas dans la passion. Le mariage a été conclu non pas pour satisfaire le désir d'un homme ou d'une femme, mais pour accomplir un but dans la vie. C'était le devoir de chaque individu au cours de sa vie de se marier et de se propager pour la continuation de la race. Son union conjugale ne dépendait pas du caprice de sa volonté ; cela lui était imposé comme une obligation sociale. La vie d'aucun individu n'était considérée comme complète sans une progéniture. Pour l'homme comme pour la femme, le mariage était l'incident le plus décisif de la vie ; c'était l'accomplissement de tout son être. Le mariage n'était pas recherché comme la satisfaction des sentiments humains mais comme « l'accomplissement d'un devoir rituel envers la famille dans sa relation avec l'Esprit divin ». « Le bonheur et le fruit de la vie de famille n'étaient pas recherchés dans les tumultes de la passion, mais dans l'affection calme et ordonnée d'un couple discipliné et vénérable. » Cette forte passion sexuelle qui a été si magnifiquement sanctifiée par la grâce de la poésie et sanctifiée sous le nom d'amour romantique, et qui est la source d'une force et d'un pouvoir immenses dans de nombreuses jeunes vies en Occident, est appelée par l'idéaliste hindou « » un désir terrestre et une illusion.

L'amour en tant qu'expression de sentiment est transitoire. Les personnes qui tombent amoureuses peuvent, après un certain temps et pour des raisons similaires, perdre l'amour. C'est pourquoi, si la base idéale de l'union des sexes doit être la passion mutuelle, il faut prévoir un arrangement tel que, simultanément à la rupture de la fascination de part et d'autre, le mariage entre les deux parties prenne fin. Pourtant, dans les conditions actuelles dans l'ensemble du monde civilisé, il ne serait pas possible de rendre les lois sur le mariage aussi laxistes que cela. Tant qu'un tel arrangement n'a pas été essayé, et aussi longtemps qu'il y a une part de vérité dans l'affirmation selon laquelle les cœurs humains sont à un haut degré inconstant, il s'ensuit que les mariages réussis devraient avoir d'autres sources de satisfaction durable que l'amour romantique. A l'observation, on constate que la plupart des mariages, conclus sur le strict principe de l'amour mutuel, tiennent ensemble par habitude, par considérations de prudence et par devoir envers les enfants, longtemps après que la joie des amants a totalement disparu de la vie des mariés. couple. La lueur du premier amour s'efface très vite dans le néant. Une connaissance plus rapprochée met en lumière des défauts que les yeux de l'amant, au temps des romans, refusaient obstinément de voir. À moins que les deux parties ne soient dotées d'âmes sensibles, à moins qu'après une recherche sérieuse pour prendre pied, elles ne trouvent une base d'intérêt commun et de passe-temps communs, et à moins que leur tempérament mutuel ne soit jugé adéquat pour l'amitié, il ne leur restera aucun bonheur pour leurs relations futures. Pourquoi alors exciter son imagination au début et se laisser tromper par des espérances aussi manifestement insensées ?

Le système hindou du mariage renverse ces considérations. Là-bas, le mariage est une forme de vocation, l'accomplissement d'un devoir social, ce n'est pas la jouissance de droits individuels. Dans son éthique, conçue pour la base communautaire de la vie, le désir et les plaisirs individuels doivent être subordonnés à l'intérêt de la moralité du groupe. « Ainsi l'ordre social est placé avant le bonheur de l'individu, homme ou femme. C'est l'explication de la plus grande paix qui distingue le mariage arrangé de l'Orient du mariage volontaire de l'Occident ; là où il n'y a pas de tromperie, il ne peut y avoir de déception. [16]

Les défenseurs du système justifient ainsi la méthode indienne de mariage, selon laquelle les mariages sont arrangés par les parents ou les proches. Mais, quelle que soit l'habileté avec laquelle ses partisans défendent l'ancien système et quelles que soient les couleurs éclatantes avec lesquelles ils exposent ses valeurs spirituelles, il devra disparaître tôt ou tard. Avec l'évolution des temps, les idéaux qui régissent la société indienne ont également changé. Les hommes et les femmes d'aujourd'hui revendiquent leur liberté individuelle à l'instar de leurs frères et sœurs occidentaux. À tort ou à raison, ils éprouvent le désir de s'exprimer selon les dictats spontanés de leur cœur. Parallèlement à l'industrialisation du pays, les contraintes imposées à l'individu de l'extérieur par le biais des lois sociales et religieuses disparaissent rapidement. La jeune génération de la nation indienne semble plus soucieuse de droits que de devoirs.

Ceux qui s'en soucient peuvent se lamenter sur le passé, mais nous accueillerons ce changement avec joie, car il apporte une nouvelle lumière et un nouvel espoir au système stéréotypé et figé de la vie indienne. Le mariage dans la société humaine n'est après tout qu'une plongée dans l'océan inconnu du futur. Son résultat final seul peut dire si les participants étaient destinés à couler ou à nager. [17] Le mariage a été une loterie dans le passé, et il le restera dans l'avenir, à moins que nos vies ne soient modulées de manière à donner aux forces de l'esprit une portée plus large et plus libre. C'est un blasphème impie que de chercher à étouffer les sens célestes, au lieu de les guider et de les harmoniser. On espère cependant que, dans leur nouveau rôle d'imitateurs de l'Occident, les hommes indiens ne changeront pas leur attitude de tendresse, de confiance, de respect et de délicatesse envers le sexe féminin ; et que les femmes indiennes conserveront le calme et la dignité de leur attitude, le respect d'elles-mêmes et l'équilibre de leur vie intérieure.

En Inde, toutes les classes sociales idolâtrent la maternité. Parmi aucun peuple au monde, les mères ne sont plus aimées, honorées et obéies que parmi les Indiens. Il peut être intéressant de souligner qu'une femme enceinte en Inde n'a rien à avoir honte ni qu'elle souhaite cacher. Elle est considérée comme de bon augure et doit bénéficier d'un grand respect et d'une grande considération. Nous pensons parfois que la bonne humeur et le calme de vie des Indiens de l'Est sont le fruit de la joie et de l'espoir inhabituels de la mère indienne pendant la période de grossesse. Comme l'attitude de l'Indien est différente des notions idiotes de beauté, de silhouette et de grâce des Occidentaux, qui font de la grossesse un objet de ridicule plus ou moins ouvert. Puissions-nous que les femmes d'Amérique et d'autres pays occidentaux abandonnent leur agitation et leur nervosité et apprennent de leurs plus humbles sœurs orientales l'art de posséder l'équilibre, le sang-froid et la sérénité ! Puissaient-ils imiter la délicate bienveillance, la générosité de cœur, la hauteur d'esprit, l'indépendance et la fierté de caractère de la mère orientale !

Ce sujet du mariage est si important pour l'Inde que nous désirons élucider encore davantage les idéaux qui le sous-tendent. Nous citerons longuement l'ouvrage de Keyserling *Livre du mariage,* un essai de Tagore, que personne n'est mieux placé pour parler. Tagore dit :

« Une autre façon pour les Européens de mieux comprendre la mentalité qui sous-tend notre système matrimonial serait de se référer aux discussions sur l'eugénisme qui sont une caractéristique de l'Europe moderne. La science de l'eugénisme, comme toutes les autres sciences, n'attache que peu de poids au sentiment personnel. Selon elle, la sélection par inclination personnelle doit être rigoureusement réglementée dans l'intérêt de la descendance. Si le principe impliqué est une fois admis, les besoins du mariage doivent être soustraits au contrôle du cœur et placés sous le contrôle de l'intellect ; sinon, des problèmes insolubles continueront à surgir, car la passion ne se soucie pas des conséquences et ne tolère pas l'ingérence de juges extérieurs.

« Ici se pose la question : si le désir est banni du seuil même du mariage, comment l'amour peut-il trouver une place dans la vie conjugale ? Ceux qui ne connaissent pas vraiment notre pays et dont le système matrimonial est entièrement différent tiennent pour acquis que le mariage hindou est sans amour. Mais ne savons-nous pas, par nos propres moyens, à quel point une telle conclusion est fausse ?

« ... C'est pourquoi, dès leurs premières années, l'idée du mari est présentée à nos filles, dans les vers et la poésie, à travers le cérémonial et le culte. Quand enfin elles obtiennent ce mari , il est pour elles non pas une personne mais un principe, comme la loyauté, le patriotisme ou d'autres abstractions qui doivent leur immense force au fait que la meilleure partie d'eux est notre propre création et donc une partie. de notre propre être.

Le poète offre ensuite sa contribution personnelle à la discussion sur la question du mariage en général et conclut ainsi :

« Cette *shakti* , ce pouvoir joyeux de la femme en tant que bien-aimée, a jusqu'à présent été largement dissipé par l'avidité de l'homme, qui a cherché à l'utiliser aux fins de sa jouissance individuelle, la corrompant, la confinant, comme son propre plaisir. propriété, dans une limite jalousement gardée. Cela a également empêché la femme elle-même de réaliser intérieurement la pleine gloire de sa propre *shakti* . Sa personnalité a été insultée à chaque instant en étant obligée d'afficher son pouvoir de délectation dans une arène circonscrite. C'est parce qu'elle n'a pas trouvé sa véritable place dans le grand monde qu'elle tente parfois de s'emparer de la condition particulière de l'homme comme moyen désespéré de s'épanouir. Mais ce n'est pas en sortant de chez elle que la femme peut conquérir sa liberté. Sa libération ne peut s'effectuer que dans une société où sa véritable *shakti* , son *ananda* (joie), bénéficie du champ d'action le plus large et le plus élevé. L'homme a déjà atteint les moyens de son expansion dans l'activité publique sans renoncer à ses préoccupations individuelles. Lorsque, de même, une société sera en mesure d'offrir un champ plus vaste au travail créateur des facultés spéciales de la femme, sans nuire à son travail créateur au foyer, alors dans une telle société la véritable union de l'homme et de la femme deviendra possible.

« Le système matrimonial partout dans le monde, depuis les premiers âges jusqu'à nos jours, constitue un obstacle à une telle union véritable. C'est pourquoi *la shakti de la femme* , dans toutes les sociétés existantes, est si honteusement gaspillée et corrompue. C'est pourquoi, dans tous les pays, le mariage est encore plus ou moins une prison où sont enfermées les femmes, avec tous ses gardiens portant l'insigne du mâle dominant. C'est pourquoi l'homme, à force de s'efforcer de lier la femme, en a fait l'entrave la plus solide pour son propre esclavage. C'est pourquoi la femme n'est pas en mesure d'ajouter à la richesse spirituelle de la société par le perfectionnement de sa propre nature, et toutes les sociétés humaines sont accablées par le fardeau de la pauvreté qui en résulte.

« La civilisation humaine n'a pas, jusqu'à présent, loyalement reconnu le règne de l'esprit. C'est pourquoi l'état conjugal reste encore une des sources les plus fécondes du malheur et de la chute de l'homme, de sa disgrâce et de son humiliation. Mais ceux qui croient que la société est une manifestation de l'esprit ne cesseront certainement pas leurs efforts tant qu'ils n'auront pas sauvé les relations matrimoniales humaines de l'outrage des forces brutales de la société - jusqu'à ce qu'ils aient ainsi laissé libre cours à la force de l'amour dans tous les domaines. préoccupations de l'humanité.

Telle est l'explication du poète hindou des idéaux qui sous-tendent l'institution du mariage dans la société communautaire hindoue. On sent dans ses dernières lignes la tristesse du poète devant la misère provoquée par une conception erronée du mariage dans le monde civilisé. Le poète nourrit cependant le doux espoir qu'un jour du règne de l'esprit se lèvera sur le monde, où l'humanité reconnaîtra la nécessité de donner aux forces de l'amour un libre jeu dans les vastes préoccupations de la vie.

Le mariage en Inde implique deux cérémonies distinctes. La première cérémonie est la plus élaborée et, à en juger par le caractère permanent de ses obligations, la plus importante. Il se déroule au milieu de nombreuses festivités et spectacles. Le cortège nuptial, composé du marié avec ses principaux parents et amis, se rend au domicile de la mariée dans un cortège musical élaboré. Là, la fête est généreusement célébrée en tant qu'invités de la mariée pendant un ou plusieurs jours, selon les moyens de l'hôte. Le marié assure le divertissement, qui comprend de la musique, des danses acrobatiques, des tours de jongleurs, des feux d'artifice, etc. La journée est consacrée à des divertissements simples en plein air comme la chasse, l'équitation, la natation ou les jeux de gymnastique, la nature du sport dépendant de l'environnement. Le soir, à la lumière du feu d'artifice et au milieu d'une foule nombreuse de proches parents et de spectateurs, a lieu la cérémonie de « l'union », c'est-à-dire l'unification spirituelle des proches parents des mariés. mis en scène de manière très pittoresque. Dans l'ordre de leurs relations avec les mariés — père de la mariée avec le père du marié, premier oncle de l'un avec le premier oncle de l'autre, etc. — les proches parents des futurs époux s'embrassent et échangez des coiffures comme symbole d'amitié éternelle. Chacun de ces témoignages d'amitié est magnifiquement harmonisé avec un chant et une bénédiction des filles du village. Plus tard dans la soirée, les filles conduisent les invités au festin nuptial, chantant en chœur pendant leur marche le « Bienvenue à la maison ».

Le mariage dans le foyer indien est donc une occasion de grande réjouissance. L'atmosphère qui règne tout au long de la cérémonie est celle d'une extrême salubrité et joie. Rien ne pourrait surpasser la beauté et le charme qui entourent la marche du soir vers le festin nuptial. Les jolies jeunes filles du village, conscientes de leur dignité de personnification de la Divinité et inspirées d'un amour dévoué pour leur sœur épouse, viennent dans leurs gaies robes de fête, avec des sentiments mêlés de fierté et de pudeur, pour diriger le cortège avec une chanson; leurs yeux mouillés de larmes qui s'accumulent lentement d'une émotion profonde et chaste, et leurs visages enveloppés de rougeurs toujours changeantes, donnent à l'ensemble du tableau une saveur distinctive d'une nature inspirante. Le lendemain matin, le couple est uni par le mariage par le prêtre officiant, qui lit les Écritures pendant que le mari et la femme parcourent ensemble les sept marches. Le vœu de camaraderie égale qui est prononcé par le mari et la femme à cette occasion se lit ainsi :

« Deviens mon partenaire, car tu as parcouru les sept étapes avec moi... Sans toi, je ne peux pas vivre. Tu ne vis pas loin de moi. Nous vivrons ensemble ; nous serons chacun un objet d'amour pour l'autre ; nous serons une source de joie les uns pour les autres ; avec une bonne volonté mutuelle, nous vivrons ensemble. [18]

La cérémonie de mariage étant terminée, les mariés partent avec la mariée pour la maison du marié. Lors de ce premier voyage, la mariée est accompagnée d'une femme de chambre et les deux rentrent chez eux ensemble après une nuit. La mariée reste ensuite au domicile parental jusqu'à la célébration de la deuxième cérémonie. L'intervalle entre les deux cérémonies varie de quelques jours à plusieurs années, dépendant principalement de l'âge des mariés et de la capacité du mari à subvenir aux besoins du foyer.

Ce double cérémonial a été la cause d'une grande confusion dans l'esprit occidental. Selon toute apparence, la première cérémonie est la plus importante car elle est appelée mariage. Après cela, la mariée commence à s'habiller et à se comporter comme une femme mariée, mais les époux ne commencent à vivre ensemble que lorsque la seconde cérémonie a également été accomplie, et ces deux actes peuvent être séparés l'un de l'autre par une période considérablement longue. En d'autres termes, le soi-disant mariage de la jeune fille hindoue n'est rien d'autre que « des fiançailles indéfectibles au sens occidental du terme ». La coutume du mariage précoce (ou des fiançailles, pour être plus exact) existait dans certaines régions du pays depuis des temps anciens, mais elle est devenue plus courante au cours de la période des invasions mahométanes en Inde. Ces envahisseurs étrangers avaient l'habitude de convertir de force à l'islam les belles jeunes filles hindoues, qu'ils épousèrent plus tard. Mais aucun mahométan pieux ne blesse ou ne pense du mal à une femme mariée. Sa religion interdit strictement une telle pratique. Ainsi, pour sauvegarder l'honneur de leurs jeunes filles, les Hindous adoptèrent cette coutume du mariage précoce.

Mais le mariage de la jeune fille ne change rien à sa vie. Elle continue de vivre avec ses parents comme avant et y apprend, sous la surveillance de sa mère, les tâches élémentaires du ménage. Elle est instruite en même temps sur d'autres questions concernant la vie d'une femme. Lorsqu'elle atteint l'âge d'assumer les responsabilités de la vie conjugale, la deuxième cérémonie de mariage est terminée et elle part pour sa nouvelle maison.

Il est vrai que le niveau d'éducation des femmes des Indes orientales, comparé à celui des autres pays, est terriblement bas. Nous laisserons pour un chapitre ultérieur la discussion des divers facteurs politiques qui ont contribué à cet état de choses déplorable. Pour le moment, il suffira de souligner que, même si la jeune fille indienne est analphabète et incapable de lire et d'écrire, elle ne manque pas d'instruction ni d'information au sens propre du mot éducation.

Elle sait cuisiner, coudre, broder et faire tous les autres travaux ménagers. Elle est pleinement informée en matière d'hygiène et de sexe. Dans les domaines intellectuels, son esprit est développé dans la mesure où « elle comprend parfaitement les différents principes de sa religion et est très familière avec les légendes hindoues et le sujet de la littérature épique de l'Inde ».

Ma mère était la fille d'un charpentier du village. Elle a été élevée au village sous la direction exclusive de sa mère et n'a reçu aucune instruction scolaire. La mère, à son tour, a élevé sept enfants qui sont tous devenus des garçons et des filles normaux et en parfaite santé. Même si nous avions facilement les moyens d'avoir un médecin de famille, nous n'en avons jamais eu. Ma mère semblait en savoir tellement sur les sciences hygiéniques et médicales qu'elle n'avait pas besoin d'un médecin. Son peu de connaissances, elle l'avait acquis de sa propre mère; il consistait en quelques règles simples, qu'elle observait très fidèlement. Lorsque nous étions petits enfants, nous devions nous nettoyer les dents avec une brindille fraîche, les mâcher individuellement dans une brosse, chaque matin avant le petit-déjeuner, et nous laver soigneusement la bouche avec de l'eau après chaque repas. Pour le nettoyage des dents du matin, nous avons reçu des brindilles d'une espèce particulière d'arbre qui laisse en bouche un goût très agréable et contient des jus de nature bienfaisante. De plus, mâcher une petite brindille chaque matin donne un bon exercice aux dents et offre l'avantage d'une nouvelle brosse à dents à chaque fois. On nous a dit que les dents sales étaient inconvenantes et nuisaient à la vue et à la santé générale. Un bain d'eau froide une fois par jour et le lavage des deux mains avant et après chaque repas étaient d'autres exigences fondamentales.

Pour chaque sorte de maladie familiale, qu'il s'agisse d'un mal de tête, d'une fièvre, d'un rhume de tête ou d'une mauvaise toux, la prescription était toujours la même. Un mélange d'herbes simples était bouilli dans de l'eau et donné au patient pour qu'il le boive. Son seul effet était un mouvement des intestins. Ce n'était pas un purgatif, mais il avait des propriétés laxatives très douces et saines, sans aucune réaction secondaire. Le jeûne pendant la maladie était fortement recommandé. Presque chaque mois avait lieu une journée de fête spéciale au cours de laquelle toute la famille jeûnait. Ce jeûne avait un effet purificateur sur les systèmes des enfants en pleine croissance. Par mesure de précaution supplémentaire, ma mère préparait chaque hiver pour les enfants une sorte de conserve spéciale à base d'une variété amère de haricots noirs, censée posséder de puissantes propriétés purificatrices du sang. À l'exception de la quinine lors des épidémies de paludisme, nous n'avons jamais reçu de médicaments. Ces médicaments simples, combinés à un régime de légumes frais chaque jour de l'année, constituaient les seuls garde-fous de ma mère contre les maladies familiales. Et d'après mes connaissances, je sais que son système a miraculeusement bien fonctionné.

Durant la grossesse il est d'usage d'entourer la jeune fille de toutes les précautions. Elle retourne au domicile parental afin de s'assurer de ne pas avoir de rapports sexuels pendant cette période. Dans les mois qui ont précédé l'accouchement de ma sœur aînée, son premier enfant, je me souviens qu'on lui avait demandé de ne se permettre aucune excitation. Des photos de l'épouse idéale, *Sita*, ainsi que de héros et d'héroïnes nationaux étaient accrochées partout dans la maison pour que ma sœur puisse les regarder et les admirer. Elle a été libérée de toutes les responsabilités ménagères afin de pouvoir consacrer son temps à la lecture de bonnes histoires tirées des épopées hindoues. Tout type d'irritant, comme le poivre et les épices, était strictement exclu de son alimentation et, après la naissance de l'enfant, elle s'abstenait de toute combinaison d'aliments peu judicieuse jusqu'à ce que l'enfant atteigne l'âge d'un an ou plus.

Chaque soir, à l'heure du coucher, ma mère avait une nouvelle histoire à raconter aux enfants, une histoire qu'elle avait elle-même entendue au coucher lorsqu'elle était jeune. Ces histoires étaient tirées des grandes épopées hindoues, et elles étaient toujours associées à une maxime utile. Le conte était destiné à faire comprendre aux enfants en pleine croissance une maxime morale comme la véracité, la fidélité à un engagement une fois donné, le bonheur conjugal et le respect des parents. De cette manière, les enfants des foyers les plus ignorants se familiarisent avec les enseignements éthiques de leur nation et avec les hypothèses qui sous-tendent leurs religions respectives. Presque tout le monde en Inde, y compris la paysanne la plus ignorante, comprend le sens subtil de doctrines hindoues aussi complexes que les lois du *Karma*, la théorie de la réincarnation et la philosophie *Maya*.

Comme nous l'avons dit plus tôt dans ce chapitre, de nombreuses informations erronées sur le soi-disant mariage d'enfants ont été répandues par des missionnaires ignorants et ont été avalées avec empressement par la plupart des lecteurs occidentaux. Il convient peut-être d'observer ici que les deux expressions « mariage d'enfants » et « mariage précoce » ont des significations très différentes. Les impressions psychologiques véhiculées par les deux expressions sont nettement différentes. Si la première cérémonie du mariage hindou doit être considérée comme signifiant le mariage, ce qui est pratiqué en Inde peut-être plus que partout ailleurs dans le monde est *le mariage précoce* et non le mariage des enfants. Même dans ce cas, le mariage précoce est en principe une erreur. Son utilité dans le passé, lorsqu'elle fut pour la première fois recommandée par les législateurs hindous comme mesure nécessaire pour préserver la vie communautaire de la nation, ne peut être niée.

Comme beaucoup d'autres lois de cette époque, elle a perdu son utilité et, sous l'influence de nombreuses corruptions qui se sont ajoutées à cette pratique au fil des siècles, elle est devenue une malédiction pour le pays. Ce fait est franchement admis par les dirigeants de l'Inde moderne. Dans les écrits et les discours des plus éminents d'entre eux, la coutume du mariage précoce a été condamnée comme une « vermine mortelle dans la vie sociale hindoue » et une « forme épouvantable d'injustice ». Depuis l'époque de l'éminent réformateur hindou Raja Ram Mohan Roy, toute la littérature sur la réforme sociale et religieuse en Inde regorge de dénonciations bruyantes et catégoriques du mariage précoce.

Grâce aux efforts infatigables et dévoués des réformateurs hindous, de grands succès ont déjà été obtenus. L'âge du mariage des filles hindoues n'a cessé d'augmenter au cours des cinquante dernières années. Selon les chiffres du rapport officiel du recensement de l'Inde (1921), seules 399 filles sur 1 000 étaient mariées à la fin de leur quinzième année. En d'autres termes, 60 % des filles indiennes restaient célibataires au début de leur seizième année. De plus, dans les registres officiels de l'Inde, toute fille ayant subi la première cérémonie de son mariage est incluse dans la classe des mariées. Si l'on admet un peu plus de concessions en raison du climat plus chaud de l'Inde, qui a tendance à abaisser l'âge de maturité des filles, nous admettrons que les conditions actuelles en Inde en ce qui concerne le mariage précoce ne sont pas très différentes de celles de l'Inde. la plupart des pays européens. En même temps, il ne faut pas oublier qu'en Inde, la vie sexuelle commence invariablement après le mariage et jamais avant le mariage. Ceux qui connaissent la situation dans les pays occidentaux savent que telle n'est pas toujours la règle.

Un soir, l'écrivain parlait en termes plutôt favorables à un petit groupe d'amis du système hindou du mariage. Alors que plusieurs hochaient la tête avec leur assentiment courtois et neutre habituel, une jeune femme (Dorothy), une camarade de classe et une amie intime, dit soudain d'un ton impatient : « Tout cela est très stupide. En utilisant ces douces expressions à propos de la vie de famille hindoue, vous ne voulez pas me dire que le mariage entre deux étrangers, qui ne se sont jamais rencontrés ni ne se sont jamais connus, peut être toujours heureux ou juste. « Félicité », « paix », « harmonie », « amour conjugal », « idéalisation du mari », tout cela n'est que de la foutaise. Que *vous* approuviez le fait d'attacher ensemble pour la vie des enfants innocents dans un mariage indéfectible est scandaleux. Le système est choquant ; c'est un péché contre la décence. C'est une guerre contre les instincts et les émotions humains les plus sacrés, et en tant que telle, je la condamnerai comme étant criminelle et non civilisée. » Pourtant, la jeune femme n'était en aucun cas antipathique ou hostile à l'Inde. Elle est et a toujours été une grande amie et admiratrice de l'Inde.

Dorothy n'est pas une grande penseuse, mais elle est très libérale et aime être qualifiée de radicale. Vous pourriez discuter avec elle de n'importe quel sujet, même de l'Amour Libre et du Contrôle des Naissances, avec une parfaite aisance et sans retenue. Elle a vingt-cinq ans et est célibataire. Elle a été « amoureuse » plusieurs fois, mais pour une raison ou une autre, elle n'a pas encore trouvé son homme idéal. Elle ne le dirait pas à tout le monde, mais à l'un de ses petits amis , « dont les grands yeux bleus avaient une inspiration poétique » et qui semblait être bien, bon et vrai à tous égards, meilleur que les meilleurs qu'elle ait jamais rencontrés. auparavant, et qu'elle aimait sincèrement, elle s'était donnée une fois complètement. Cela s'est produit lors d'un week-end à la montagne et a été la première et la dernière de son expérience sexuelle. Elle a dit que c'était la fête morale aussi bien que physique de sa vie. Plus tard, elle le vit flirter d'une manière douteuse avec une grossière Espagnole, ce qui le rendait répugnant à ses yeux. Peu à peu, son amour pour lui commença à diminuer, jusqu'à s'éteindre complètement, laissant cependant derrière lui une profonde cicatrice mortelle dans sa nature spirituelle. Pendant un certain temps, Dorothy a pensé qu'elle ne pourrait plus jamais aimer un homme, jusqu'à ce qu'elle commence à admirer avec douceur un jeune professeur d'université. Il est cependant « si gentil, intelligent et différent des autres », avec un physique fin et un beau visage — son front puissant se détache si joliment sur ses épais cheveux bouclés — qu'elle qualifie de magnifique. Peu importe qu'il soit marié, car elle lui écrit les lettres les plus charmantes. L'amour de Dorothy pour le beau professeur est platonique. Elle dit que cela existera pour toujours, même si elle n'a aucun espoir de l'épouser un jour. Pourtant, tandis qu'elle parlait de son dernier « idéal », un flot de larmes s'accumulait lentement dans ses grands yeux lumineux. C'étaient les larmes d'une résignation désespérée. Dorothy est belle et possède une grâce et un charme rares tant sur le plan physique que mental. Elle est bien située dans le monde des affaires et ne manque pas d'admirateurs masculins. Mais elle est malheureuse, extrêmement malheureuse. Elle a eu la liberté, mais aucune formation pour en faire bon usage. Alors qu'elle était encore au début de l'adolescence, elle a commencé à organiser des pique-niques avec différents garçons. Sous l'impulsion de la passion juvénile, elle apprit à embrasser tout le monde sans discernement. Cela a détruit le caractère sacré de sa propre nature morale et spirituelle, et a également tué, en même temps, son respect pour le sexe masculin. Le caractère sacré du sexe et le respect de l'homme étant ainsi détruits dans ses premières années, elle ne put pas facilement trouver un mari idéal plus tard dans la vie. Si elle avait été une créature stupide, sans imagination et sans sentiments profonds et plus nobles, elle serait tombée soudainement amoureuse n'importe où, pour passer le reste de son existence monotone et sans joie dans une stupeur éternelle. Dorothy ne se souvenait sûrement pas de sa propre tragédie lorsqu'elle condamnait avec autant de véhémence le sort des jeunes filles hindoues. La vanité est un vilain défaut, et pourtant elle procure un grand plaisir.

Contrairement à l'Inde, où dès leur enfance les filles sont initiées aux questions de sexualité et où l'idéal de fonder un mari et une famille est gardé à l'esprit dès le début, les garçons et les filles américains sont élevés dans l'ignorance totale de tout. relatif au sexe. Le sexe est considéré comme quelque chose d'impur, de sale et de nauséabond, et donc indigne de l'attention et de la pensée des jeunes enfants. Et pourtant, il n'existe aucun pays au monde où le sexe occupe une place plus importante aux yeux du public dans tous les domaines de la vie quotidienne qu'en Amérique. *La première impression que ressent un étranger débarquant en Amérique est celle de la prédominance du sexe dans sa vie quotidienne.* Le désir de la femme américaine de montrer sa silhouette à ce que les Américains appellent « l'œil grossier de l'homme » s'exprime dans des jupes courtes et des robes moulantes. « Les films américains sont réalisés dans le seul but de mettre l'accent sur le sexe. » Un professeur d'université s'est récemment fait dire par l'un des six plus grands réalisateurs de cinéma d'Hollywood, entre les mains duquel est passée une affaire valant des millions de dollars, que lors du tournage d'un film, il faut constamment garder à l'esprit le sexe. L'histoire doit être basée sur ces connaissances, les scènes sélectionnées avec cette vision et l'intrigue exécutée avec cette pensée à l'esprit. Les spectacles de vaudeville, l'un des divertissements nationaux de l'Amérique, ne sont rien d'autre qu'une représentation suggestive des belles jambes de jeunes filles, qui apparaissent sur scène légèrement vêtues et se touchent le front avec les orteils d'une manière très suggestive.

Une dame américaine âgée a dit à l'écrivain que les danses nationales américaines avaient une profonde connotation religieuse. Une pensée spirituelle peut exister derrière la musique américaine, et son effet sur la jeunesse américaine peut être très édifiant, mais il est certain que des danses telles que celle appelée « Button Shining Dance », dans laquelle une posture particulièrement rapprochée est nécessaire, ont été inventées sans haute spiritualité. fin en vue. Une exposition publique massive de jambes nues jusqu'aux hanches et une vue rapprochée du reste de leur corps en maillot de bain moulant peuvent être vues sur les plages nationales. De jeunes couples s'allongent sur le sable, à la vue du public, étroitement enlacés dans des étreintes apparemment éternelles.

Bien que tout cela puisse être très pur, innocent, inoffensif et même édifiant dans sa nature cachée, son caractère extérieur et plus répandu indique le résultat presque vicieux de l'idéal consistant à élever une jeunesse nationale mal instruite en matière de sexe et de son propre fonctionnement. .

L'effet immédiat de cette situation anormale en Amérique, résultant d' une part de la mauvaise instruction de la jeunesse en matière de sexe et de l'importance la plus exagérée accordée au sexe dans la vie nationale, est particulièrement désastreux et excessivement humiliant. En utilisant le mot moral dans son sens populaire et conventionnel, on peut dire très franchement que la morale de la jeunesse américaine est tout sauf exemplaire. Le juge Ben B. Lindsey, qui est pleinement autorisé à s'exprimer sur le sujet en raison de son expérience à la tête du tribunal pour mineurs de Denver pendant plus de vingt-cinq ans et qui est l'un des penseurs contemporains les plus passionnés d'Amérique, a exposé les faits dans son livre, *La révolte de la jeunesse moderne* , qui sont épouvantables. Il écrit:

« Le premier élément du témoignage des lycéens est que parmi tous les jeunes qui vont à des fêtes, assistent à des danses et roulent ensemble en automobile, plus de 90 pour cent s'adonnent aux câlins et aux baisers. Cela ne signifie pas que chaque fille laisse *n'importe quel* garçon la serrer dans ses bras et l'embrasser, mais qu'elle *est* prise dans ses bras et embrassée.

« La deuxième partie du message est la suivante. Au moins 50 pour cent de ceux qui commencent par des câlins et des baisers ne se limitent pas à cela, mais vont plus loin et s'adonnent à d'autres libertés sexuelles qui, selon toutes les conventions, sont scandaleusement inappropriées.

« Passons maintenant à la troisième partie du message. La voici : quinze à vingt-cinq pour cent de ceux qui commencent par s'étreindre et s'embrasser finissent par « aller jusqu'à la limite ». Cela ne signifie, dans la plupart des cas, ni promiscuité ni fréquence, mais cela arrive. [19]

Cette situation est alarmante et les dirigeants du pays doivent en prendre immédiatement conscience. Lorsque quinze à vingt-cinq filles sur cent dans n'importe quel pays se livrent à des relations sexuelles irresponsables entre quinze et dix-huit ans, ce pays n'est pas dans un état moral sain. L'effet de ces premières intimités sexuelles entre jeunes filles et garçons est ruineux pour leur croissance spirituelle ultérieure. La manière de remédier à cette situation est un problème sérieux qu'il n'appartient à aucun étranger, aussi honnête et amical soit-il, de résoudre.

Il peut être utile de souligner ici comment les penseurs hindous ont cherché à contrôler cette situation. Nous avons cité plus haut l'opinion franche d'une étudiante américaine concernant le système hindou du mariage. La mauvaise opinion du système hindou du mariage qu'ont la plupart des Occidentaux ne vient cependant pas de leur connaissance de la situation, mais de sa nouveauté même et de la dissociation du nom de romantisme de son système. La méthode occidentale de mariage met l'accent sur la liberté de l'individu et, en tant que telle, sa base fondamentale est à la fois noble et louable. De l'exercice de la liberté ont développé certains des plus beaux traits de caractère ; la liberté, en fait, a été la source d'inspiration des plus hautes réalisations de la race humaine. Mais la liberté dans les relations sexuelles sans connaissance appropriée se transforme en licence, tandis que son exercice dans les relations commerciales du monde sans sympathie ni vision se transforme en tyrannie. Une illustration de la première conséquence peut être vue dans l'effet désastreux d'une mauvaise forme de liberté sur la morale de la jeunesse américaine ; Les bidonvilles du monde industriel sont le résultat de la politique du *laissez-faire* lorsqu'on la laisse poursuivre sa carrière incontrôlée.

En Inde, le mariage est considéré comme une nécessité dans la vie ; dans le cas de la femme, c'est l'incident le plus décisif de tous, l'action unique à laquelle tout le reste de la vie est subsidiaire. Du mariage naît non seulement tout son bonheur, mais de lui dépend aussi l'épanouissement de sa vie même. Le mariage avec une femme est un sacrement – une entrée dans les régions supérieures et plus saintes de l'amour et de la consécration – et la maternité est pour elle une chose de fierté et de devoir. Dès son enfance, elle a été formée pour être l'idéal du mari que lui donne le mariage. Se laissant tomber avec envie dans les bras de son mari avec une confiance presque divine en sa protection et son amour, elle commence à regarder l'univers entier sous un jour différent. « Les cieux et la terre sont-ils si soudainement transformés ? Les oiseaux et les arbres, les étoiles et le ciel au-dessus prennent-ils une couleur plus brillante, et le vent se met-il à murmurer une musique plus douce ? Ou est-il vrai qu'elle se transforme elle-même au doux contact de celui qui doit désormais être son seigneur ?

Le pouvoir de l'émotion humaine est si illimité que nous pouvons créer dans notre propre imagination des scènes d'existence joyeuse qui, lorsqu'elles sont enfin réalisées, provoquent en nous des changements miraculeux presque du jour au lendemain. Ce miracle n'est pas une fiction ; c'est une réalité. La connaissance heureuse d'une nuit avec son mari a modifié la constitution du corps de nombreuses filles et donné à sa silhouette des courbes plus nobles. J'ai vu ma propre sœur donnée en mariage, une fille de 18 ans, une enfant svelte, enjouée et affectueuse, avec à peine un signe de féminité dans ses habitudes et son maintien ; et après un mois, quand je suis allé lui rendre visite chez elle, j'ai eu du mal à reconnaître ma propre sœur. Comme l'union conjugale l'avait transformée subitement ! A la place d'une jeune fille élancée et vive, se trouvait désormais une femme potelée, à la silhouette épanouie, semblant surchargée d'énergie rayonnante ; à la place d'un regard droit et enfantin dans les yeux, il y avait un regard de bonheur, de sagesse, de compréhension qui était inspirant et ennoblissant. L'atmosphère autour de ma sœur, autrefois fille, maintenant femme, était d'un caractère si divin et son apparence exprimait une joie si exquise que je tombai spontanément dans ses bras, et avant de nous séparer, nos yeux étaient mouillés de larmes de joie. En voyant ma sœur si belle et si heureuse, j'étais heureux ; et dans son moment de joie suprême, son frère, le compagnon bien-aimé des premiers jours, lui devint doublement cher. Certains moments de notre vie sont difficiles, voire impossibles à oublier. Cette expérience a été d'une nature si éclairante qu'elle est encore aussi vive dans mon esprit que si elle s'était produite hier.

L'explication est très simple. Dans l'esprit de ma sœur, comme dans celui de toutes les autres jeunes filles indiennes, l'idée d'un mari était au premier plan depuis son enfance. Autour de son apparence noble, de sa belle tenue et de sa belle expression, elle a dû tisser bien des belles histoires . Chaque fois qu'elle voyait une de ses amies donnée en mariage à un « marié couronné de fleurs, vêtu de vêtements couleur safran, montant en procession sur un cheval décoré », et accompagnée de musique et de festivités, elle devait rêver. Et puis, lorsque l'idéal de son enfance s'est réalisé, il n'est pas étonnant qu'elle ait trouvé en sa compagnie ce sommet d'exaltation émotionnelle qui naît de la juste union des sexes et qui est le don le plus noble de Dieu à l'homme. L'Américaine pense que ma sœur a épousé un étranger, mais elle avait épousé un idéal, une création de son imagination et une partie de son propre être.

Le sage système hindou qui maintient l'idée d'un mari avant les filles dès leur enfance ne sera pas facilement compris par l'esprit occidental conventionnel. Ceux qui considèrent le sexe comme quelque chose « d'impur et de sale » et qui ont acquis la conviction que ses pensées et son nom même doivent être strictement tenus à l'écart des enfants en pleine croissance doivent apprendre deux vérités fondamentales. En premier lieu, rien dans le sexe n'est sale ou impur ; d'un autre côté, le sexe est « la chose la plus pure et la plus belle de la vie et, s'il est correctement géré, il est émotionnellement exaltant et très édifiant pour notre développement moral et spirituel ». [20] Deuxièmement, imaginer qu'en maintenant une conspiration du silence sur le sujet du sexe, on puisse exclure totalement sa pensée de la vie des enfants en pleine croissance, c'est trahir sous la forme la plus grossière l'ignorance des lois naturelles.

En Inde, cependant, le sexe est considéré comme un élément nécessaire à la vie d'un individu en bonne santé ; c'est une chose sacrée et belle ; et, en tant que tel, il doit être soigneusement examiné et soigneusement cultivé. La pulsion sexuelle est reconnue comme la plus forte des pulsions humaines, et toute tentative visant à la contrecarrer par une force extérieure entraînera un désastre pour l'individu et la ruine du bien-être social. Vaincre la faim sexuelle en gardant les gens dans l'ignorance est la forme la plus basse d'hypocrisie. Nier les faits, ce n'est pas les détruire. Il est non seulement stupide mais lâche d'imaginer qu'on puisse rendre les gens moraux et spirituels en les gardant ignorants et superstitieux. Montrez-leur la lumière et ils trouveront leur propre chemin. Enseignez aux enfants les éléments essentiels de la vie, encouragez-les à penser de manière indépendante, montrez-leur par l'exemple et les préceptes les beautés de la grandeur morale, et ils développeront en eux-mêmes les bonnes qualités de respect de soi et de retenue qui les protégeront davantage contre de nombreux pièges. Le proverbe hindou dit : « La meilleure protection d'une femme est sa propre vertu. » La vertu est une chose qui doit jaillir de l'intérieur et ne peut jamais être imposée de l'extérieur.

L'atmosphère qui règne dans la maison hindoue et l'attitude des membres les plus âgés de la famille les uns envers les autres sont de telle nature que les garçons et les filles prennent progressivement conscience des faits centraux de la nature. En fait, aucune tentative n'est faite pour cacher quoi que ce soit aux enfants concernant leurs fonctions vitales. Les sujets du mariage et de la naissance des enfants sont librement abordés lors des réunions de famille . Les enfants ne sont jamais exclus à la naissance d'un frère ou d'une sœur, et personne ne leur raconte des histoires de petits bébés apportés dans des paniers par les médecins ou par les cigognes. Chaque fois que les enfants en pleine croissance posent des questions curieuses sur des faits physiologiques, ils reçoivent les informations nécessaires dans la mesure où elles leur sont intelligibles.

L'expérience de l'Inde a clairement démontré que si les jeunes garçons et filles sont correctement instruits des lois de la nature et si leurs connaissances sont soutenues par le type approprié de stimulation morale et d'idéalisme, on peut compter sur ces jeunes pour développer leurs connaissances. des pouvoirs invincibles de retenue et de respect de soi. Ces garçons et ces filles auront de nobles aspirations et deviendront des hommes et des femmes pleins d'esprit, dotés d'un caractère moral sain et d'un équilibre incontestable.

L'écrivain n'a aucune envie de faire l'éloge du système hindou du mariage, ni de dénigrer le système occidental. Une tentative a été faite pour diagnostiquer les conséquences prédominantes de deux systèmes. Les coutumes hindoues ont certainement besoin d'être modifiées compte tenu des changements économiques et sociaux rapides ; le système occidental affiche un manque d'adaptation déplorable aux nouvelles conditions de ces pays. L'auteur demande simplement au lecteur de se rappeler que ce n'est pas nécessairement parce qu'un système est différent qu'il est scandaleux.

NOTES DE BAS DE PAGE :

[13] Katherine Mayo.

[14] Cité dans Cousins — *Awakening of Asian Womanhood* , page 40.

[15] Coomaraswamy .

[16] Coomaraswamy — *Danse de Siva* , page 88.

[17] Tagore.

[18] Cité dans Cousins — *L'éveil de la féminité asiatique* , page 38.

[19] Pages 56, 59, 62.

[20] Ben B. Lindsey.

Chapitre III

LA CIVILISATION ET L'ÉTHIQUE DE L'INDE

La particularité de la culture hindoue est sa féminité. Tandis que la branche septentrionale de la famille aryenne représentée par le groupe européen dut lutter durement contre une nature inflexible en raison d'un sol aride et de la rigueur du climat froid, qui développa en elle les qualités masculines d'agressivité, de force et d'effort, les La branche méridionale de la famille aryenne, qui a émigré dans les souriantes vallées de l'Indus et du Gange, a trouvé dans sa nouvelle demeure une abondance de confort physique. L'extrême fertilité du sol et le climat chaud rendaient l'existence facile et leur laissaient du loisir pour la spéculation et la réflexion – conditions qui ont tendance à rendre les Indiens émotifs, méditatifs et mystiques. La générosité de la nature les a libérés de la lutte, et la liberté des soucis matériels et la sécurité de l'existence qui en ont résulté ont développé dans le caractère hindou les qualités bienveillantes de tolérance et de gratitude. [21]

La nature pacifique de l'esprit hindou se manifeste dès ses premiers efforts dans l'étude des problèmes les plus élevés et les plus profonds de la vie. Lorsqu'ils commencèrent à enquêter sur les secrets de l'univers et ses relations avec la vie humaine en vue de découvrir le mystère de notre existence sur cette planète, ils furent dominés uniquement par un amour absolu et sans réserve de la vérité. « Ils ne se sont jamais disputés sur leurs croyances ni n'ont posé de questions sur leurs croyances individuelles. Leur seule ambition était d'acquérir la connaissance de l'univers, de son origine et de sa cause, et de comprendre d'où et où, qui et quoi de l'âme humaine. Les premiers pionniers de la pensée hindoue se reposaient sur les plaines ouvertes et fertiles du Gange pendant les nuits d'été parfumées de l'Inde, et leurs yeux cherchaient les cieux étoilés. Puis ils se sont regardés en eux-mêmes et ont dû se demander : « Que sommes-nous ? A quoi sert cette vie sur terre ? Comment sommes-nous arrivés ici ? Où allons-nous ? Que devient l'âme humaine ? et bien d'autres questions difficiles. La réponse que les sages hindous d'autrefois ont donnée à ces questions difficiles se trouve dans la règle simple et unique de l'unité de toute vie : un seul être suprême est la source de toute joie ; Il est le maître de toute connaissance ; Il est éternel, inoxydable, immuable et toujours présent comme témoin dans chaque conscience ; Lui seul est réel et durable, et le reste de cet univers matériel n'est que *Maya*, une simple illusion. L'âme humaine est constituée de la même substance que l'âme suprême. Elle est séparée de sa source par l'ignorance. À travers des incarnations successives, il s'efforce d'atteindre son but ultime, qui est son identification à l'Être Suprême. C'est la fin finale de tout effort humain – la réalisation du Soi – qui, accomplie, l'existence de l'homme ne fait qu'un avec le reste de l'Univers, et sa vie par la suite est une vie d'amour sans limites. Son âme s'unit à l'âme universelle et il a obtenu son *Moksha* (*salut*). Il commence à voir «Toutes choses en soi et le soi en Tout».

Cette idée de liberté spirituelle, qui est la libération du moi du concept de l'ego, constitue le fondement de la culture hindoue et a influencé tout le caractère des idéaux sociaux et religieux de l'Inde. Essayons de l'expliquer un peu plus clairement. La reconnaissance de l'unité de toute vie suppose l'existence d'un Dieu unique, « une source, une essence et un but ». Le but final de la vie est de réaliser cette unité, lorsque l'âme humaine ne fait qu'un avec l'Esprit Universel. L'ignorance est la cause de tous les maux, car elle nous cache à jamais la véritable vision. Le sage s'efforce continuellement de vaincre l'ignorance par l'étude de la philosophie, par la retenue et le renoncement. Il cherche à atteindre la connaissance de Soi, afin de pouvoir voir Dieu face à face. Alors il atteindra *Moksha* (le salut). Jusqu'à ce qu'il ait réalisé la Vérité absolue, il doit s'accrocher à la vérité relative telle qu'il la voit, qui s'accomplit par l'exercice de vertus telles que l'amour universel, la foi, la dévotion, le sacrifice de soi et le renoncement.

"Méprisant tout le reste, un homme sage devrait s'efforcer d'atteindre la connaissance du Soi."

La vie humaine sur cette terre est un voyage d'un village à l'autre. Nous sommes tous des pèlerins ici, et cette demeure n'est que notre demeure temporaire et non une résidence permanente. Au lieu d'être continuellement à la recherche de richesses matérielles, de pouvoir, de renommée et de travailler jour et nuit, pourquoi ne devrions-nous pas considérer la vie comme des vacances perpétuelles et apprendre à nous reposer et à en profiter ? Ne vaudrait-il pas mieux que nous ayons un peu moins de travail, un peu moins de soi-disant plaisir, et plus de réflexion et de paix ? Il n'en faut pas beaucoup pour maintenir la vie ; la nourriture végétale en petites quantités maintiendra le corps en bonne santé, et l'abri d'une chaumière est tout ce dont un homme a besoin. Qu'il doive construire des palais et amasser des richesses prouve son manque de connaissances ; qu'il cherche à trouver le bonheur dans la ruine du bonheur de ses semblables, conséquence inévitable de l'accumulation de grandes fortunes, est absurde. Rien n'est réel sauf Sa loi et Sa puissance. La vie humaine, telle une bulle à la surface d'un immense océan, peut éclater et disparaître à tout moment. « Il y a des fruits sur les arbres de chaque forêt, que quiconque aime peut cueillir sans peine. Il y a de l'eau fraîche et douce dans les rivières pures ici et là. Il y a un lit moelleux fait de brindilles de belles plantes grimpantes. Et pourtant les misérables souffrent à la porte des riches.

"Un homme en quête du bonheur éternel (moksha) pourrait l'obtenir en payant un centième de la souffrance qu'un homme insensé endure dans la poursuite de la richesse."

« Les pauvres mangent du pain plus excellent que les riches ; car la faim lui donne de la douceur.

Ainsi, la doctrine maya a enseigné au peuple indien que toutes les choses matérielles sont illusoires.

Ainsi, guidés par la vision de l'Esprit universel, qui soutient la création entière, et sauvés par la bonne compréhension de la doctrine maya, les hindous ont développé une civilisation dans laquelle les gens s'inspirent largement des idéaux de camaraderie humaine, d'amour et de par le réconfort spirituel. La sagesse de l'attitude passive et réservée de l'Hindou envers la vie ne sera pas facilement reconnue par ses frères robustes, agressifs et combatifs du monde occidental. Les nécessités de la vie occidentale ont pris des proportions si immenses, et les relations sociales sont devenues si complexes et si précaires, que toute la vie d'un homme est consacrée à assurer sa simple existence et à se prémunir contre les accidents de l'avenir. L'influence assourdissante du tumulte continu de la vie quotidienne autour de lui est telle qu'il a commencé à considérer la vie comme synonyme de travail. Il n'a jamais goûté lui-même à la douceur de la sécurité et de la paix, et lorsqu'il entend quelqu'un d'autre en discuter, il est susceptible de qualifier la doctrine de rêveuse, d'irréelle et d'impraticable. « Mais est-il vraiment sage de détruire les meilleurs objets de la vie pour le bien de la vie ? L'acquisition de richesses et la jouissance du plaisir sont-elles toujours un choix supérieur à celui de la liberté spirituelle ? Aimer les loisirs, les idéaux et la paix a été le critère de la sagesse hindoue. Ceux qui ont étudié de près l'histoire de la nation hindoue connaissent l'illumination, la paix, la joie, la force que ses leçons apportent dans la vie de ces gens simples et vertueux.

La civilisation hindoue a été, dans l'ensemble, humaine et saine, et la vie du peuple indien a été pleine d'utilité et de service à l'humanité. L'Inde a toujours été le foyer de diverses religions et sa population a toujours été divisée en d'innombrables confessions. Cependant, à aucune période de sa longue histoire, la persécution religieuse n'a été pratiquée par une quelconque catégorie de personnes dans le pays. « Aucune guerre n'a jamais été menée en Inde ou hors de l'Inde par la nation hindoue au nom de la religion. L'Inde n'a jamais été témoin des horreurs d'une inquisition ; aucune guerre sainte n'a été entreprise et aucun hérétique n'a été brûlé vif pour la protection de la religion. Dans toute l'histoire de la nation hindoue, pas une goutte de sang n'a jamais été versée au nom de la religion. Pour ceux qui ont lu les récits de tortures sanglantes et de massacres commis au nom de la religion parmi les nations chrétiennes du monde, cela *en dit long*.

Le passe-temps des hindous n'est pas le catholicisme, le presbytérianisme, le méthodisme ou toute autre forme d'isme connue du monde occidental ; son intérêt ne réside pas dans l'hindouisme, le bouddhisme ou le sikhisme. Sa passion est pour la religion. « Il n'aime pas *une* religion ; *il vit pour la religion* . C'est son amour de la religion qu'un vieux missionnaire anglais a découvert parmi les habitants d'un petit village du nord de l'Inde. Fatigué de marcher sous le chaud soleil d'été, ce frère errant s'est allongé à l'ombre fraîche d'un banian pour se reposer et s'est endormi. Combien de temps il a dormi et quels rêves brillants de la miséricorde de son Maître Seigneur Christ cet humble mendiant avait, personne ne le sait. Lorsqu'en fin d'après-midi il ouvrit les yeux, il vit une belle jeune fille qui éventait doucement son visage, tandis que son petit frère se tenait à proximité, portant dans ses bras un panier de fruits choisis et une cruche d'eau fraîche et fraîche. Alors que les yeux du vieux frère rencontraient enfin le regard bienveillant de la jeune fille, il s'écria : « Enfin, après tous ces voyages fatigants, j'ai trouvé un peuple chrétien !

Pour les hindous, la religion n'est pas un intérêt parmi tant d'autres dans la vie. C'est l'intérêt qui absorbe tout. La pensée d'une Fraternité universelle enseignée dans sa religion guide chaque acte social, commercial et politique de sa vie ; tandis que l'espoir de la sanction divine inspire ses efforts dans les sphères intellectuelles et spirituelles. La religion n'est pas la simple profession d'une certaine foi théologique, dont le rituel peut être observé à des occasions déterminées et ensuite oublié jusqu'à ce que le moment vienne à nouveau du culte et de la prière. La religion est le « désir d'au-delà » de la part de l'homme, et une fois son essence réalisée, l'esprit doit influencer tous les intérêts de la vie de l'individu. C'est ainsi qu'on comprend la religion en Inde. « Ce n'est pas une question de forme, mais d'esprit et de volonté. Pour les hindous, il est plus religieux de purifier l'âme et de se forger un bon caractère que de marmonner des prières et d'observer un rituel strict. La moralité devrait constituer la base de la religion, et l'accent devrait être mis non sur l'observance extérieure, mais sur la culture spirituelle intérieure. »

« Par l'action, la pensée et la parole, il faut faire du bien à (tous) les êtres vivants. Ce Harsha a déclaré être le moyen le plus élevé d'acquérir des mérites religieux.

Le but principal de la vie est la réalisation du Soi, à laquelle tous les autres intérêts doivent être complètement subordonnés. Les choses matérielles du monde ne sont qu'un moyen pour atteindre ce but ; et la fin étant la religion, il ne faut pas perdre de vue sa pensée dans l'arrangement des détails de la vie. La religion imprègne donc tout le tissu de la société hindoue. Étudiez l'art indien, le droit, l'éthique et l'économie politique ; partout, vous trouverez la même pensée de Dieu et de sa miséricorde universelle qui les sous-tend tous.

La religion du saint Jésus, qui a enseigné la doctrine de la non-résistance et dont le Sermon sur la montagne resplendit d'amour pour l'humanité, a inspiré de nombreux Gandhi en Orient. Cependant, cela a été la cause de nombreuses effusions de sang et de nombreux massacres. Sous sa bannière, l'esclavage a été maintenu jusqu'à ce que les conditions économiques mondiales rendent son abolition inévitable et impérative. Le trafic de nègres, impliquant une brutalité humaine qui nous fait frémir et des horreurs qui nous glacent le sang et nous laissent consternés, a été perpétré par le peuple chrétien avec la sanction expresse du très saint Siège et de ses augustes lieutenants de Dieu. Jusqu'à la fin du XIXe siècle, la Chine était soumise au nom de la religion chrétienne. La provocation immédiate de la guerre des Boxers fut le meurtre de deux missionnaires blancs à l'intérieur de la Chine. Les actes de chevalerie accomplis par les soldats des nations occidentales, envoyés en Chine pour la défense du christianisme, sont rapportés par M. Gowen dans son *An Outline History of China* ainsi :

« Mais rien qu'à Tung Chow, ville où les Chinois n'ont opposé aucune résistance et où il n'y a eu aucun combat, cinq cent soixante-treize femmes des classes supérieures se sont suicidées plutôt que de survivre aux indignités qu'elles avaient subies. Notre civilisation dont nous nous vantons tant n'est encore qu'un vernis.

La religion hindoue exige qu'il pratique l'amour envers son prochain, la tendresse envers la vie animale et la tolérance des diversités religieuses avec les autres. Il croit que les chrétiens, les mahométans et les juifs peuvent être des hommes aussi bons que lui dans leurs relations humaines et être sur une route aussi droite vers le ciel que lui. Il ne remet pas en question la révélation divine des livres saints des autres religions, ni ne nie « que le Christ était le Fils de Dieu et Mahomet le prophète de Dieu ». Tout ce qu'il souhaite dans cette vie, c'est qu'il soit autorisé à adorer sa Divinité comme il l'entend. Krishna dit dans la Bhagvat Gita, la Bible des hindous : « Quiconque vient à Moi, sous quelque forme que ce soit, c'est par là que je l'atteins ; Tous les hommes luttent pour M'atteindre par différents chemins, et tous les chemins sont Miens. »

« Il existe dans la religion hindoue une doctrine appelée *Ahimsa* , à savoir la non-atteinte à toute forme de vie, qui transcende tout idéal éthique connu de l'éthique occidentale. L'idée trouve son expression dans la Société pour la prévention de la cruauté envers les enfants et les animaux. La religion hindoue est la seule religion au monde qui interdit la consommation de chair animale. Si toute vie est d'une seule essence, si l'animal qui réclame la vie souffre aussi véritablement que l'homme dans les mêmes conditions, est-il juste de tuer l'animal pour un simple plaisir ? Cette douce doctrine de l'innocuité a contribué à développer chez le caractère hindou les nobles vertus de bienveillance et d'amour universel. L'Hindou peut manquer des soi-disant « vertus viriles » ; sa nature spirituelle peut être choquée d'apprendre que des hommes et des femmes parfaitement civilisés tuent des animaux pour le plaisir, qu'ils font des excursions d'agrément sur l'océan pour abattre les poissons volants. Le poisson est inoffensif et, une fois abattu, il tombe simplement dans l'océan ; ce n'est que dans le tir que réside l'amusement du sportif. Laquelle des deux doctrines extrêmes est juste, nous laisserons le lecteur juger par lui-même. Mais la doctrine générale de « l'innocuité » doit s'adresser au sens moral éclairé de l'Occident. Une bonne compréhension de ce principe aidera grandement à se débarrasser de la malédiction de la cruauté et de la guerre.

Deux traits du caractère hindou qui ressortent le plus clairement sont la véracité et la chevalerie envers les femmes. Le nom de la vérité en sanscrit est *satya* , qui signifie *être* . « Ainsi, dans la langue hindoue, la vérité signifie ce qui est. Ce n'est pas nécessairement la même chose que ce que croit la majorité des gens. Encore une fois, le plus grand éloge donné aux dieux dans le Veda est qu'ils sont véridiques et dignes de confiance. Nous savons que les gens attribueront à leurs dieux les mêmes qualités qui sont tenues en plus haute estime entre eux. Toute la littérature de l'Inde ancienne et moderne regorge d'épisodes proclamant la vertu de la vérité. La réponse de Rama à Bharata dans le poème épique de *Ramayna* [cité page 13] est typique du respect des hindous pour la vérité. Dans le Mahabharata, nous retrouvons à nouveau la même dévotion envers un engagement une fois donné. Bhisma , par exemple, était prêt à souffrir la mort plutôt que de négliger sa promesse de ne jamais blesser une femme. Les poètes des Vedas, les sages des Upnishads et les auteurs des livres de droit étaient tous inspirés par des sentiments d'amour profond et de respect pour la vérité. Toute la littérature indienne vibre du même thème : le plus grand respect pour la vérité. [22] Une lecture attentive des récits sur le caractère et la culture du peuple indien laissés par les voyageurs étrangers dans les temps anciens et modernes montre que le voyageur a été le plus profondément impressionné dans chaque cas par l'amour de la vérité des hindous. Examinons quelques-uns de ces récits.

Le voyageur chinois Hiouen-thsang écrit :

« Bien que les Indiens soient d'un tempérament léger, ils se distinguent par la franchise et l'honnêteté de leur caractère. Quant aux richesses, ils ne prennent jamais rien injustement ; en matière de justice, ils font même des concessions excessives... La simplicité est le trait distinctif de leur administration. »[23]

L'historien mahométan Idris écrit ainsi dans sa Géographie (XIe siècle) :

« Les Indiens sont naturellement enclins à la justice et ne s'en écartent jamais dans leurs actions. Leur bonne foi, leur honnêteté et leur fidélité à leurs engagements sont bien connues, et ils sont si célèbres pour ces qualités que les gens affluent de toutes parts vers leur pays. »[23]

Marco Polo, l'explorateur vénitien, dit :

"Vous devez savoir que ces Abraiaman (Brahman) sont les meilleurs marchands du monde et les plus véridiques, car ils ne mentiraient pour rien au monde." [23]

Le major-général Sir WH Sleeman , KCB, qui a résidé en Inde pendant près d'un quart de siècle et qui a été pendant cette période employé à diverses fonctions dans lesquelles il est entré en contact direct avec des centaines de personnes chaque jour, écrit ainsi à propos des Indiens :

«J'ai eu devant moi des centaines de cas dans lesquels la propriété, la liberté ou la vie d'un homme dépendait de son mensonge, et il a refusé de le dire.»

A un autre endroit, en parlant des marchands indiens, le major Sleeman dit :

« Je crois qu'il n'existe aucune classe d'hommes au monde plus strictement honorable dans ses relations que les classes marchandes de l'Inde. Sous le gouvernement autochtone, les livres d'un marchand étaient considérés comme des « écrits sacrés », et la confiance qu'on leur accordait n'a certainement pas diminué sous notre règne.

Enfin, nous citerons un discours prononcé par Sir Guy Fleetwood Wilson en 1913, alors qu'il se retirait de ses hautes fonctions de membre des finances du gouvernement indien :

«Je souhaite rendre hommage aux Indiens que je connais le mieux. Les fonctionnaires indiens, hauts et bas, de mon département, au fil des années de relations avec eux, se sont montrés sans faille et absolument dignes de confiance. Quant à leur fiabilité, permettez-moi de donner un exemple. Il y a trois ans, lorsqu'il m'est arrivé d'imposer de nouveaux impôts, il était impératif que leur nature reste secrète jusqu'à ce qu'ils soient officiellement annoncés. Il fallait confier ce secret à tout le département. N'importe lequel d'entre eux, depuis les hauts fonctionnaires jusqu'aux compositeurs mal payés de la presse gouvernementale, serait devenu millionnaire s'il avait utilisé ce secret de manière inappropriée. Mais même face à une telle tentation, personne n'a trahi sa confiance.» [24]

Il est inutile de commenter ces témoignages sans équivoque d'éminents chroniqueurs étrangers de l'Inde. Où ailleurs dans le monde l'expérience du député Finances Sir Guy Wilson pourrait-elle être répétée ? Si tous ceux qui ont visité le pays étaient également impressionnés par le caractère véridique des hindous, l'affirmation selon laquelle les hindous sont honnêtes, véridiques et directs doit sûrement avoir un sens. Les voyageurs étrangers ont visité d'autres pays au cours de diverses périodes historiques, mais nulle part ailleurs ils n'ont été aussi singulièrement impressionnés par l'intégrité du peuple qu'en Inde. Mais nous ne sommes pas obligés de nous pencher sur les histoires anciennes pour établir l'honnêteté et l'amour des hindous pour la vérité. Allez aujourd'hui dans n'importe quelle ville de l'Inde. Promenez-vous dans le quartier des affaires de Bombay, Calcutta ou Karachi et vous y trouverez des transactions s'élevant à des centaines de milliers de dollars effectuées jour après jour sans reçu ni remise. Une inscription dans les livres comptables des deux parties suffit dans de tels cas. Dans ma propre famille, des domestiques mal payés, gagnant jusqu'à quelques centaines de dollars par an, se voyaient confier, dans l'exercice de leurs fonctions, la gestion de plusieurs milliers de dollars. Et il n'y avait pas le moindre sentiment d'hésitation ou d'anxiété de la part de la famille, non pas parce que les domestiques étaient liés, mais parce qu'on leur faisait confiance.

Un peuple qui respecte autant la vérité doit aimer l'apprentissage. À chaque époque de l'histoire de l'Inde, un génie a été reconnu et aidé, même si sa thèse allait à l'encontre des préjugés populaires de l'époque. Qu'un nouveau sage lève la tête dans le domaine de la religion ou qu'un penseur dans le domaine philosophique ou scientifique naisse, il a toujours eu l'occasion de s'exprimer dans les circonstances les plus favorables. Il n'avait pas à craindre d'être persécuté à cause de ses idées. Tant qu'il avait un message à offrir à l'humanité, il était assuré d'avoir une audience. « *La liberté de pensée a toujours prévalu parmi toutes les classes sociales en Inde.* »

La chevalerie envers les femmes, qui a été citée comme une autre caractéristique marquante du caractère hindou, a déjà été discutée dans un chapitre précédent.

Passer en revue en détail les réalisations de la civilisation hindoue nécessiterait des volumes volumineux. Les contributions de l'Inde à l'étude mondiale de la philosophie, de la science, de la religion et de l'organisation sociale sont légion. Alors que le continent européen était encore en état de barbarie, les hindous inventèrent les sciences de la grammaire, de l'arithmétique et de l'astronomie. Ils maîtrisaient déjà un alphabet parfait, une langue raffinée et les systèmes de droit et d'éthique sociale les plus complets que le monde ait jamais vu. Lorsque les ancêtres des races anglo-saxonnes parcouraient les forêts avec des corps peints, les hindous possédaient une littérature abondante, une religion établie et une civilisation développée. En fait, l'Inde a toujours été considérée comme le berceau de la plus naturelle des religions naturelles, comme la nourrice des sciences, l' inventrice des beaux-arts et comme un foyer fertile pour toutes les formes de génie. Ses législateurs ont développé le plus merveilleux tissu d'organisation sociale et ont composé des systèmes d'éthique dignes des plus grands éloges ; ses philosophes ont inventé six systèmes de philosophie les plus profonds, célèbres pour leur subtilité de pensée et l'acuité de leur logique ; et ses maîtres religieux formèrent les deux plus grandes religions du monde, qui sont professées aujourd'hui par plus de la moitié de la race humaine. Même dans le domaine des sciences naturelles, les hindous ont atteint un état de développement élevé, un fait dont la plupart des gens ne se rendent pas compte. Sir Monier -Williams déclare :

« En effet, si l'on me permet l'anachronisme, les Hindous étaient des Spinozites plus de deux mille ans avant l'existence de Spinoza ; et les darwiniens plusieurs siècles avant Darwin ; et les évolutionnistes plusieurs siècles avant que la doctrine de l'évolution ne soit acceptée par les scientifiques de notre temps, et avant qu'un mot comme « évolution » n'existe dans aucune langue du monde.

Les Hindous appartiennent à une race humaine qui a survécu à toutes les nations de la terre. « Avant l'époque d'Abraham, l'Inde avait atteint une grande civilisation. D'autres civilisations ont vécu et sont mortes. L'Égypte, Babylone et l'Assyrie – chacune allait et venait. Après plus de deux mille ans de prospérité de l'Inde, la Grèce est apparue et a disparu. Le vaste empire romain, dominant la moitié de la terre, a rendu un énorme hommage à l'art et à l'industrie de l'Inde, puis a terminé ses jours tandis que le peuple hindou a continué à développer de magnifiques réalisations dans les domaines de la science, de la littérature, de l'art, de l'architecture, du droit et du gouvernement, de la philosophie et de la religion. .» Lord Curzon, dont le jugement n'était sans doute pas biaisé en faveur de l'Inde, écrit :

"L'Inde a laissé une marque plus profonde sur l'histoire, la philosophie et la religion de l'humanité que toute autre unité terrestre de l'univers."

Nous avons ainsi montré qu'en tant que nation, le peuple indien a consacré ses efforts davantage au développement du côté spirituel de la vie que du côté matériel. Contrairement au caractère agressif et combatif de la civilisation occidentale, les caractéristiques marquantes de la culture hindoue sont une attitude passive et réfléchie envers la vie. Comparée à celle de ses nations sœurs occidentales, l'histoire du pays a été plus heureuse, moins féroce, plus pacifique et plus stable ; les habitants ont été plus prudents et réfléchis, passifs et tolérants.

Deux grandes civilisations du monde – l'Inde et la Chine – séparées seulement par une longue frontière, ont prospéré pendant des siècles, et pas une seule fois dans leur histoire elles n'ont été en guerre l'une contre l'autre. Ils ont très tôt compris la vérité selon laquelle le but de la vie humaine n'est pas la possession d'immenses richesses et la domination sur des races plus faibles au nom du confort physique. Le but de l'effort humain, selon eux, devrait être le développement des « pouvoirs mentaux, moraux et spirituels latents chez l'homme ». Les hindous ont développé pour eux-mêmes l'idée d'un Dieu tout-puissant et miséricordieux, d'une âme humaine qui faisait partie de l' âme universelle et doit être pure, d'une vie qui contient l'étincelle divine et doit être sans limites et sans limites. consacré au service de tous. L'authenticité, la générosité, la bonté de cœur, la douceur de comportement, le pardon et la compassion étaient enseignés en Inde comme préceptes quotidiens bien avant que l'éthique n'existe dans aucune autre partie du monde. Leur insistance sur la bonté et la charité sont des marques de vraie vertu ; leur conviction que l'éthique doit constituer la base de la religion et qu'une vie morale est le critère de l'esprit religieux ; leur prise de conscience que tous les hommes sont frères et qu'un esclave vertueux vaut mieux qu'un maître corrompu, fait des Hindous une race de personnes hautement intelligentes et morales.

Beaucoup de ces déclarations ne sont peut-être pas nouvelles, mais elles ont pour nous un attrait significatif dans le fait qu'« elles ont été pensées et énoncées il y a plusieurs siècles et qu'elles reflétaient la vie, non pas telle qu'on pourrait l'imaginer dans une utopie, mais telle qu'elle pourrait être imaginée ». il était en fait vécu par les gens ordinaires dans les petits villages et villes de l'Inde.

Ainsi écrit Manu, le grand législateur de l'Inde :

" Celui qui *cherche à faire du bien à toutes les créatures obtient désormais le bonheur suprême* . "

NOTES DE BAS DE PAGE :

[2 1] Max Müller.

[22] Max Müller.

[23] Cité de Max Müller.

[24] Cité de *Sister India* .

Chapitre IV

LE SYSTÈME DE CASTES DE L'INDE

Le système des castes en Inde est le sujet le plus discuté dans le monde entier ; c'est aussi le moins compris. Il est vraiment surprenant de constater à quel point les gens en dehors de l'Inde connaissent peu l'institution des castes, telle qu'elle a été développée et perfectionnée à l'origine pour constituer la base de la structure sociale, politique et économique du pays. Même les étudiants en philosophie et en arts hindous n'ont qu'une très faible perception de la signification de la caste. Vous ne pouvez pas parler de l'Inde pendant cinq minutes à qui que ce soit sans être confronté aux questions : « Qu'en est-il de votre système de castes ? N'est-il pas vrai que les classes supérieures refusent d'épouser les intouchables, et même d'avoir un quelconque contact physique avec eux ? Les brahmanes de l'Inde n'ont-ils pas toujours régné sur les classes pour leur propre bénéfice ? Ne reprendraient-ils pas le pouvoir à leur profit si les Anglais quittaient l'Inde aujourd'hui ? Ne voyez-vous pas que nous avons donné la liberté aux nègres dans ce pays ? Ils ont les mêmes droits politiques que les hommes blancs pour voter et occuper des fonctions au sein de notre gouvernement. Ils peuvent venir chez nous et faire la cuisine pour nous et nous ne ressentons aucune répulsion à leur égard. Permettez-vous une telle association de classes en Inde ? Cette égalité d'esprit est la démocratie, et tant que l'Inde n'abandonnera pas ses vieilles habitudes aristocratiques et ne passera pas aux nouveaux idéaux démocratiques de son époque, elle ne sera jamais libre politiquement, moralement ou spirituellement – parlez ce que vous voudrez de votre spiritualité et de votre éthique.

J'ai entendu de tels sermons à maintes reprises de la part d'Américains de tous statuts. Des professeurs d'université et leurs épouses, des étudiants d'université, des enseignants, des ministres, des marchands de chemises, des agents d'assurance, des conducteurs de tramway, des cireurs de bottes et des porteurs de chemin de fer m'ont posé des questions similaires. En réponse, je ne nie pas qu'une catégorie de personnes est appelée « intouchables » et qu'aucune autre classe ne se mêlera ou ne se mariera avec eux. Cependant, je remets en question très sérieusement la véracité de la prémisse de la deuxième affirmation. Les brahmanes n'ont pas toujours gouverné le pays avec des motivations purement égoïstes. La classe sacerdotale a exercé une immense influence dans la vie politique et sociale de l'Inde à différentes périodes de son histoire, mais elle a principalement utilisé son pouvoir pour faire progresser sa culture et ses arts. C'est aux brahmanes que l'on doit en général l'élaboration et la systématisation de la philosophie hindoue. Les vastes trésors de la littérature et des beaux-arts hindous ont été tous deux produits et préservés par la même classe, qui, depuis des âges inconnus, est l'unique dépositaire du savoir en Inde. Ils ont abusé de leur autorité à plusieurs reprises, mais dans de telles occasions, un grand réformateur comme Bouddha ou Nanak apparaissait toujours parmi les hindous et donnait aux prêtres corrompus un nouvel avertissement pour leurs erreurs.

La puissance des Brahmanes était au plus bas lorsque les Britanniques ont acquis l'Inde, et les Brahmanes ont trouvé dans les dirigeants anglais du pays de grands champions, qui ont réussi d'abord à les démoraliser, puis à les aider à démoraliser à leur tour le reste du pays. Société hindoue. L'Angleterre, avec sa puissante main d'acier, est le rempart le plus solide de l'aristocratie en Inde. Et ceux qui disent le contraire, soit ne connaissent pas les faits, soit les déforment délibérément. Nous expliquerons plus tard comment fonctionnent les méthodes subtiles de nos dirigeants étrangers.

Enfin, je ne nie pas que l'Inde ait besoin d'une réorganisation de son système social désuet pour s'adapter correctement au monde moderne. Ses règles de caste n'ont donné à ses nombreuses races et classes que les avantages négatifs de la paix et de l'ordre aux dépens des opportunités positives d'expansion et de mouvement. Si l'Inde veut vivre et si elle espère un jour occuper la place qui lui revient parmi la famille des nations, elle doit éliminer de son système le cancer de l'intouchabilité. Aussi manifestes que soient les maux du système rigide des castes en Inde et la nécessité de sa refonte immédiate, le contraste avec l'Amérique semble si injuste. Avec une complaisance typique, les Américains déclarent qu'il n'y a pas de caste aux États-Unis. Pourtant, le Noir américain, bien qu'il ait le droit de voter et d'exercer des fonctions, n'a absolument aucune possibilité de faire usage de ces privilèges. Un enfant de dix ans a plus de chances de battre le champion du monde des poids lourds dans un combat primé qu'un nègre américain possédant les plus hautes qualifications morales et éducatives n'a de devenir gouverneur du plus petit État de l'Union. Le monde sait que dans la plupart des États, la loi interdit le mariage entre blancs et nègres, tandis que la société partout, à sa manière directe et catégorique américaine, interdira l'union d'une fille blanche avec un nègre. Il est également vrai que dans la plupart des États, les enfants noirs sont scolarisés dans des écoles séparées et que le dimanche, les gens de couleur doivent aller prier dans des églises séparées. Dans le Sud, centre de la population noire des États-Unis, les nègres doivent voyager dans des wagons séparés à bord des trains et utiliser des salles d'attente séparées dans les gares. C'est aussi une question d'histoire qu'en moyenne, plus de soixante nègres sont lynchés chaque année en Amérique par des foules pour des crimes qui, s'ils étaient commis dans des conditions similaires par des Blancs, seraient punis par la loi.

Cette situation aux États-Unis ne justifie pas l'injustice des castes en Inde ou ailleurs dans le monde, mais elle peut aider à donner au critique acerbe du système hindou un caractère plus doux dans son jugement en lui rappelant que la nature humaine a partout ses propres caractéristiques. vertus et défauts. Nous allons maintenant examiner l'origine et la fonction de la caste en Inde.

Le mot sanskrit qui a été mal traduit en caste est *Varna* , qui signifie couleur. Ainsi, l'origine du terme montre que les classifications originales dans la société hindoue étaient établies sur la base de la couleur ou de la race. [25] Lorsque les Aryens ont émigré pour la première fois en Inde, ils se sont retrouvés face à face avec des hordes de tribus sauvages appartenant à des races inférieures et aborigènes. La situation de ces ancêtres aryens était analogue à celle à laquelle furent confrontés plus tard les immigrants européens sur les continents américain et australien. Alors que ces derniers envahisseurs ont cherché à simplifier leurs problèmes raciaux en exterminant les premiers habitants de ces pays, les premiers hindous, dans des conditions similaires, acceptaient les races inférieures comme des unités dans leur structure sociale et leur donnaient une place distincte dans l'échelle du travail, la nature leurs fonctions étant strictement déterminées en fonction de leur qualification. Même à notre stade actuel de progrès, nous constatons que les castes prédominent dans tout le monde civilisé. Ses vilains symptômes sont plus marqués en Amérique, en Australie et dans les colonies blanches d'Afrique. Aux États-Unis, le lynchage des nègres dans le Sud et les strictes réglementations anti-asiatiques de l'État de Californie, ainsi qu'en Australie, l'esprit de la population « Gardez l'Australie blanche à tout prix » — tous deux montrent à quel point la L'esprit de haine raciale a pénétré dans le système des races blanches dominantes du monde. Dans l'État de Californie, qui est le centre de la population orientale d'Amérique, la loi interdit aux Asiatiques (Japonais, Chinois, Hindous) de posséder des propriétés et même de louer temporairement des terres à des fins agricoles. Une autre loi interdit le mariage entre blancs et mongols . Les réglementations californiennes anti-asiatiques sur les baux fonciers ont porté un coup dur à la population orientale de l'État. Les immigrants japonais, chinois et hindous aux États-Unis étaient principalement des agriculteurs. Dans les premiers jours de la Californie, ces gens économes, honnêtes et travailleurs contribuèrent matériellement au développement de l'agriculture. Et on ne peut nier que les régions extrêmement chaudes de la Vallée Impériale et les comtés du nord, infestés de moustiques et marécageux, ont été mis en culture presque exclusivement grâce à l'initiative des agriculteurs japonais et hindous de Californie. Les Chinois, en collaboration avec les autres races orientales, ont eu beaucoup à faire dans le développement de la plus grande région productrice d'asperges au monde, représentée par les deltas de la vallée de Sacramento. L'Imperial Valley est aujourd'hui la colonie maraîchère la plus riche au monde. Les comtés du nord produisent les meilleures qualités de riz californien en quantités immenses, tandis que les asperges du Delta ont rendu la Californie célèbre dans le monde entier en tant que producteur des meilleures qualités d'asperges blanches et vertes. Mais la loi interdit aux Asiatiques simples, pacifiques, travailleurs et retraités qui ont travaillé dur pour faire le nom de la Californie agricole de gagner même honnêtement et maigrement leur vie grâce à l'agriculture à petite échelle. Et tout cela à cause de la caste raciale ! Comme l'un des sénateurs de l'État s'est exclamé il n'y a pas si longtemps : « *Nous devons protéger la Californie du péril jaune.* » Ce à quoi un éminent publiciste hindou a répondu avec humour : « Je n'ai vu aucun danger de péril jaune en Californie, à l'exception de celui des « taxis jaunes ».

Lorsqu'un petit groupe d'immigrés dans n'importe quel pays se retrouve entouré d'un environnement sans fin de tribus barbares, on admet que la situation est critique. Cependant, contrairement aux colons américains qui exterminèrent la plupart des premiers habitants du pays, le petit groupe d'immigrants aryens en Inde chercha à assimiler les tribus barbares et se trouva donc confronté à un problème difficile. Ils étaient inspirés par le désir de préserver la pureté de leur race et de leur culture supérieures, d'une part, et d'assimiler dans leur système social les races autochtones du mieux qu'ils pouvaient, afin de les sauver de l'anéantissement. D'un autre côté, ils estimaient nécessaire de sauvegarder leur race en refusant de se marier avec des personnes appartenant à une échelle de civilisation inférieure. Les ancêtres aryens de l'Inde, en donnant à la population originelle du pays une place distincte dans sa vie sociale, si basse soit-elle, les ont préservés d'une part de l'extermination et de l'autre de l'esclavage des personnes. « N'était-ce pas la solution même qui s'est imposée à l'émancipateur américain Lincoln, alors que, bien plus tard, il fut confronté aux mêmes problèmes dans des conditions similaires ? Cet ajustement de leurs différences raciales, déclaré sage et pratiqué par les hindous il y a plusieurs milliers d'années, a finalement été reconnu par les dirigeants du monde occidental comme le seul moyen de sortir de leur situation difficile. Entre-temps, des populations entières avaient été anéanties et des générations après générations d'êtres humains avaient été soumises aux tortures de l'esclavage, à l'injustice et aux souffrances les plus répugnantes.

Avant de juger trop durement les Hindous pour avoir refusé de boire la même eau que les non-Aryens et de manger des aliments cuits par leurs mains, nous devons nous rappeler que la plupart des aborigènes de l'Inde étaient des mangeurs de charognes et étaient plus impurs que leurs voisins aryens. L'Aryen n'accomplirait aucun acte de la vie sans avoir préalablement pris son bain matinal ; il était scrupuleusement propre dans toutes ses habitudes. Il estimait donc que c'était simplement une précaution d'hygiène que de ne pas permettre aux sales barbares d'accéder à sa personne ou à sa maison. Mais c'est la nature des castes de transformer les inhibitions temporaires en barrières permanentes. Dans la mesure où les premiers sociologues hindous ont sauvegardé la culture aryenne supérieure en établissant des règles strictes – telles que le refus des mariages mixtes et de la consommation de la même eau –, ils avaient raison. Ils y reconnaissaient la diversité des races et la nécessité de séparer les plus développées des moins civilisés. "Mais ils ont commis l'erreur la plus dangereuse en ne comprenant pas que les différences entre les êtres humains ne sont pas figées comme les barrières physiques des montagnes, mais sont changeantes et fluides avec le flux de la vie." [26] « C'est la loi de la vie de changer sa forme et son volume sous l'impact de l'environnement. » "N'était-il pas prévu que le contact avec les Aryens civilisés développerait parmi les habitants aborigènes de l'Inde les qualités salutaires de propreté, d'honnêteté, de paix et d'amour caractéristiques d'une race avancée ?" [26] Avoir ainsi lié dans un cadre de fer le corps croissant d'un peuple sain était non seulement une erreur intellectuelle, mais un crime spirituel. En conséquence, l'Inde, qui est fondamentalement une seule nation, est désormais déchirée en d'innombrables castes et communautés. Et c'est là la cause de sa dégradation et de sa ruine. L'Inde, qui devrait être aujourd'hui la nation la plus puissante du monde, en raison de sa culture et de son histoire anciennes ainsi que de la noblesse et de la hauteur de son idéalisme spirituel, est désormais déchue. S'il existe quelque part la loi du Karma, les Hindous d'aujourd'hui expient les péchés d'omission de leurs anciens ancêtres. Les arrière-arrière-arrière-petits-enfants de ceux qui ont refusé à leurs semblables les droits naturels de l'humanité ont été exclus de la vie progressiste du monde en tant que parias noirs de la race. Dans une décision récente de la Cour suprême des États-Unis, qui a exclu les autochtones de l'Inde du droit à la citoyenneté américaine, l'honorable juge a fait remarquer : « Les hindous de la haute caste appartenant à la race aryenne ou caucasienne ne sont pas des personnes blanches. .» Les hindous qui se targuent d'être *des brahmanes nés deux fois* devraient prêter attention à cette langue.

Que ceux qui le souhaitent crient haut et fort leur supériorité nordique ou leur pureté brahmanique . Ce dont le monde a besoin aujourd'hui, ce n'est pas tant la pureté de la race que la pureté de l'âme humaine et de ses motivations. Je ne dirais pas dans quelle mesure l'âme des Occidentaux est pure, mais étant moi-même hindou, je sais que l'âme de l'Inde est noire. En niant à leurs frères la position qui leur revient en tant qu'êtres humains, les classes supérieures de l'Inde ont péché de la manière la plus atroce contre elles-mêmes et contre leurs dieux. "Là où le contact d'un autre être humain pollue et son ombre corrompt, là les dieux ne peuvent jamais résider, ni la vérité prévaloir." Les lois de la nature sont immuables. Vous pouvez vous tromper contre eux pendant une courte période, mais vous ne pouvez pas vous permettre d'ignorer leur existence pour toujours. En fin de compte, la nature s'abattra sur vous dans une fureur folle et exercera une terrible vengeance pour vos erreurs. Ainsi, ceux qui cherchent à humilier et à dégrader les autres s'humilient à leur tour. « Dans l'acte de tyrannie, le tyran perd de vue ses idéaux et développe l'orgueil du pouvoir, qui est un autre nom pour l'abaissement de son âme. Comme un homme sous l'influence de l'alcool, il peut se sentir momentanément puissant et fort ; Pourtant, à partir du moment où un individu perd la vérité, la folie de la cruauté et de l'injustice commence son œuvre mortelle, qui aboutira à sa ruine et à sa mort. [27]

Si les hindous veulent survivre, ils doivent d'abord s'humilier devant les membres des classes inférieures contre lesquels ils ont si terriblement péché pendant longtemps. Ils doivent purifier leur âme et promettre de ne plus pécher. S'ils n'y parviennent pas, il est insensé d'espérer la liberté nationale et il est vain de la désirer. Ceux qui n'accordent pas la liberté à ceux qui sont en dessous d'eux ne sont pas eux-mêmes aptes à avoir la liberté.

L'Hindou de haute naissance devrait réfléchir à la situation dans laquelle il se trouve aujourd'hui. Lorsqu'il méprise les mahométans et les hindous des castes inférieures à tel point que le simple contact physique des plus cultivés et des plus purs de leur espèce gâtera la cuisine des plus misérables de la soi-disant caste supérieure, comment, au nom de Dieu, l'homme ou le diable peut-il s'attendre à ce qu'ils l'aiment et le servent ? L'histoire entière de l'humanité ne présente pas un seul exemple où une classe opprimée ait lutté pour protéger l'honneur ou le pouvoir de ses oppresseurs. Il est vain d'espérer que les classes opprimées de l'Inde consentiront un jour à verser leur sang pour conquérir la liberté de leur pays. Ils pourraient à un moment donné faire d'immenses sacrifices au service et à la demande d'une âme aussi universelle que Gandhi, ou peut-être s'unir pour chasser un étranger intensément détesté comme les Britanniques. Toutefois, la véritable libération ne peut être apportée à la nation que par l'unité spirituelle de ses peuples ; Dans le cadre des réglementations sociales actuelles, l'espoir d'une telle union est non seulement visionnaire mais idiot.

Mes frères hindous égarés de l'Inde devraient se rappeler ce que les adeptes de Nanak, les Sikhs, ont déjà fait, et ce que les Arya Samajistes font actuellement au Pendjab. Ils peuvent faire la même chose et bien plus encore ! S'ils ont besoin d'un leader pour les guider, ils ne peuvent trouver aujourd'hui personne de plus saint ou de plus sage dans le monde entier que le Mahatma Gandhi, qui leur montrera la lumière dès qu'ils seront prêts à la voir. Gandhi, le Mahatma (la Grande Âme), le leader de millions de personnes, a adopté dans sa famille une fille intouchable, que Mme Gandhi élève avec ses propres enfants dans sa maison. Cette action n'a pas rendu Gandhi plus petit aux yeux de Dieu ou de l'homme. Les autres hindous seront-ils plus petits s'ils se manifestent et disent à leurs frères : « Venez, frères, nous vous embrassons. Nous oublierons le passé et serons à nouveau un. Enfants du même Père, nous sommes tous égaux devant sa loi. Il n'y aura, à l'avenir, ni haut ni bas parmi nous. Brahman et Sudra, mahométan et Parsi , nous nous donnerons la main et nous efforcerons de ramener notre patrie à son ancienne vigueur. C'est alors seulement que la régénération de l'Inde sera possible.

Nous constatons qu'assez tôt dans l'histoire du pays, la société hindoue s'est divisée en deux divisions principales, les Aryens et les non-Aryens. Les premiers étaient encore divisés en trois ordres représentés par des prêtres, des guerriers et des agriculteurs ou marchands aryens ; tandis que les non-Aryens constituaient la classe des serviteurs ou les Sudras. La division de la société en trois classes sacerdotales, guerrières et marchandes est naturelle. Nous trouvons son parallèle dans la Perse ancienne, où la division de la communauté en prêtres, guerriers et laboureurs est illustrée dans l' Avesta . « En fait, le sentiment de caste prévaut à plus ou moins grande échelle dans tous les pays monarchiques du monde. Dans l'Europe médiévale , le sentiment de caste est devenu si fort qu'il a trouvé son expression dans la littérature et le droit.

Le travail de la société en Inde était réparti entre les quatre castes comme suit :

1. Les brahmanes, la classe sacerdotale, étaient les enseignants du reste de l'humanité. Leur fonction était d'étudier les écritures védiques et diverses branches du savoir telles que la science et la philosophie. Ils devaient offrir des conseils spirituels et assister toutes les autres classes dans l'accomplissement des rites et cérémonies religieux. Tout le monde dépendait d'eux pour obtenir la faveur des dieux, car on pensait qu'ils étaient particulièrement favorisés pour interpréter les Veda. En hommage à la spiritualité et au savoir des brahmanes, ils étaient respectés et aimés par les autres classes. Leurs simples besoins physiques étaient largement pourvus, de sorte qu'ils étaient absolument libres de toute forme de soins matériels. Dans le cadre de leurs fonctions, ils étaient les seigneurs libres et intellectuels de l'Univers. Cette règle s'appliquait à l'ensemble des érudits et des professeurs de religion, et non à un groupe choisi parmi eux. Un état parallèle de liberté intellectuelle pourrait être atteint dans le monde occidental moderne si *tous* ses professeurs et instructeurs religieux naissaient avec des moyens indépendants. La triple fonction des brahmanes, à savoir l'enseignement, l'étude et le renoncement, a inspiré aux masses humaines des sentiments de respect et d'affection à leur égard. « Le corps d'un brahmane était pour cette raison considéré comme sacré, et lui faire du mal de quelque manière que ce soit était le péché le plus grave ; tandis que tuer un brahmane était un péché

impardonnable qui ne pouvait être expié même par la pénitence au travers d'un nombre illimité de renaissances successives.

Tandis que la classe sacerdotale recevait ainsi l'amour et l'hommage du peuple, elle jouissait en même temps de nombreuses immunités et exemptions. Un brahmane était toujours exempté de certains châtiments, et son rang élevé lui assurait le pardon de nombreux crimes. En revanche, des règles particulières furent établies pour sa classe afin d'en préserver le caractère sacré. "Il ne pourrait jamais boire, manger de la viande ou profiter des plaisirs les plus grossiers de la vie." En fait, les codes juridiques des différentes castes précisent que, pour certaines infractions, un brahmane doit être puni plusieurs fois plus qu'un homme appartenant aux classes inférieures. Cette sévérité était due à la conviction des législateurs indiens qu'« une plus grande connaissance exigeait une plus grande retenue, et qu'avec l'élévation du statut d'une personne, sa responsabilité devait également augmenter ». La règle pour un Brahman telle que donnée par Vasistha est la suivante : « Ce sont de vrais Brahmanes qui, bien instruits, ont maîtrisé leurs passions, ne blessent aucun être vivant et ferment les doigts lorsque des cadeaux leur sont offerts. » Encore une fois, le même enseignant a dit qu'un brahmane de naissance n'est pas un vrai brahmane mais un esclave à moins qu'il ne mène une vie vertueuse et pure consacrée à l'étude et à la retenue. Manu, le grand législateur de l'Inde, dit : « Un brahmane qui ne vit pas comme un brahmane ne vaut pas mieux qu'un esclave. » Il pourrait devenir un paria et être socialement rétrogradé à un rang inférieur.

Ainsi, nous constatons que si, d'une part, leur statut supérieur a valu aux brahmanes le respect et la révérence de la population, d'autre part, leur meilleure position leur imposait des contraintes particulières. Il nous est difficile de comprendre la sagesse de cette affirmation, mais la loi hindoue qui interdisait à ses classes intellectuelles de posséder des propriétés et d'accumuler des richesses était l'une des lois les plus profondément sages de l'histoire sociale de l'humanité. Considéré en conjonction avec le texte « selon lequel un chef de famille obtient de grands mérites dans cette vie et au-delà en donnant de la nourriture, des boissons et des vêtements aux brahmanes », le dicton contre l'acquisition de richesse par la classe des brahmanes apparaîtra non seulement sage mais tout à fait juste. . "Il y avait là une classe d'érudits, dirigeants de l'humanité, qui étaient à l'abri des deux grands maux qui sont la malédiction de leur noble profession : l'anxiété de gagner sa vie et la tentation d'acquérir des fortunes."

De peur de supposer que les savants de l'Inde vivaient de la charité des autres classes, condition qui n'est pas considérée comme honorable en Occident, on peut ajouter ici, sous forme de corollaire, que la charité en Inde a un sens tout à fait différent de celui de la charité. cela en Occident. Les motivations derrière de tels actes en Inde et dans les pays occidentaux sont très différentes. Selon la théologie hindoue, c'est le donateur d'un cadeau et non le destinataire qui est le bénéficiaire. Absolument aucun sentiment de fierté ou d'importance n'est attaché à l'octroi de cadeaux. De tels actes sont toujours accompagnés d'un profond sentiment d'humilité et de gratitude dans le cœur du maître de maison. « C'est le *dharma* , qui peut être traduit par la *virilité de l'homme* , de chaque chef de famille de subvenir généreusement aux besoins d'un Brahman, et il le fait par sens du devoir religieux et social ainsi que par désir de une bénédiction religieuse. C'est autant le devoir et la joie du chef de famille d'accueillir un Brahman que c'est l'espoir et le plaisir de chaque mère de réconforter son enfant. Aider un étrange érudit dans son travail n'est pas plus considéré comme un acte de charité en Inde que le soutien d'un fils à l'université en Europe ou en Amérique. Les expériences de Mme Margaret E. Noble, une Anglaise de renommée littéraire, qui s'est rendue en Inde pour étudier sa philosophie, illustrent la psychologie hindoue en la matière. Elle raconte dans son livre *The Web of Indian Life* l'histoire de sa résidence dans le quartier hindou de Calcutta. Après que la nouvelle parvint dans le quartier qu'elle était venue en Inde pour étudier, elle trouva un matin devant sa porte un pot de lait frais et un panier de provisions laissés par un visiteur inconnu. Cette expérience s'est répétée presque tous les jours de l'année jusqu'à son départ. Pourtant, les donateurs de ces simples cadeaux ne se sont jamais fait connaître de Mme Noble, et elle n'a jamais été interrogée par aucun de ses voisins sur ses opinions sur la vie hindoue. Ils ne se souciaient pas de savoir si elle leur était amicale ou hostile dans ses jugements. Le fait qu'elle soit venue parmi eux en tant *qu'étudiante* était une raison suffisante pour qu'ils subviennent à ses besoins. *L'Inde est le seul pays au monde où les poètes et les prêtres ne meurent jamais de faim.*

2. *Les Khashatriyas* ou la classe royale et militaire étaient les dirigeants du pays et leur devoir était de protéger les autres classes. Les Khashatriyas constituaient la caste chevaleresque de l'Inde. Ils étaient courageux et chevaleresques. La jouissance des sens et des plaisirs soumis à des lois propres à protéger les faibles des forts étaient les récompenses légitimes de cette classe. De nombreux actes d'héroïsme extrême commis par cette classe sous la noble impulsion de protéger la justice ou de servir Cupidon sont relatés dans l'histoire épique de l'Inde.

« La chevalerie leur a enseigné des leçons de gaieté et de plaisir. Ils ont appris à admirer et à désirer la beauté. Contrairement aux brahmanes ascétiques austères, la passion et le plaisir en compagnie des femmes étaient recherchés par les vaillants prétendants de la classe guerrière. Les femmes étaient souvent des objets de jalousie et exerçaient toujours un grand pouvoir grâce à leur beauté et leur charme. C'étaient de belles créatures au sang pur, qui savaient comment recevoir et donner de l'amour. Les hommes et les femmes aimaient superbement et passionnément. Leurs passions étaient fortes et dévorantes et leur soif d'amour grande. C'était un amour sur lequel un poète chantait :

" *Donne-moi ton amour pour un jour,*

Une nuit, une heure ;

Si le salaire du péché est la mort,

Je suis prêt à payer.

Oh! Aziza, que j'adore,

Aziza, mon seul délice,

Une seule nuit, je mourrai avant le jour,

Et ne troublez plus votre vie. »

(LAURENT ESPOIR.) [28]

3. Les *Vaishya* ou la classe des marchands et des agriculteurs constituaient le corps du peuple. Théoriquement, ils étaient les égaux des autres classes de la famille aryenne ; mais « pratiquement cette classe, avec la quatrième caste, à savoir les Sudras, formait la majorité de la population, dont le devoir était de soutenir et de servir les deux classes supérieures ». Ils géraient la vie économique du pays et étaient responsables de l'entretien des autres classes. Ils labouraient la terre et géraient toutes les affaires commerciales et industrielles du territoire. Cette classe était à nouveau subdivisée en divers groupes selon leur profession. Cette classification de la classe moyenne indienne sur la base de la profession était fondée sur une compréhension approfondie des lois de l'hérédité – « le but étant de développer les meilleures qualités par la transmission de l'hérédité. Ainsi, une tentative a été faite pour développer davantage le cerveau de l'érudit, les compétences de l'artisan et l'ingéniosité du commerçant grâce à l'influence cumulative d'une sélection minutieuse de génération en génération. En enfermant ainsi les différents métiers et professions dans des compartiments hermétiques, les Vaishya se sont privés des bénéfices de l'infusion de sang jeune dans l'ancien système. Si, d'une part, elle a eu pour effet salutaire de réduire au minimum les méfaits de la concurrence, d'autre part, elle a progressivement tendu à « transformer les arts en artisanat et le génie en savoir-faire ».

4. *Les Sudras* ou classe des serviteurs constituaient l'ensemble de la population aborigène non aryenne du pays, dont la fonction était d'effectuer des services mécaniques dans la vie domestique de la communauté. Selon Manu, le plus grand mérite de cette classe était de servir fidèlement les trois autres classes.

Les Sudras effectuaient les tâches les plus dégradantes et n'étaient autorisés à entrer en contact avec la population aryenne qu'en tant que serviteurs. En raison de leurs sales habitudes, ces aborigènes n'étaient pas autorisés à s'approcher de près des personnes des classes supérieures – d'où l'origine du terme « intouchable ». Pourtant, le fait est que même les « intouchables » sont membres du groupe familial hindou. Lors des mariages et autres fêtes, les cadeaux sont librement échangés entre eux et les classes supérieures. Pour un chef de famille, il est tout aussi important de participer aux cérémonies des « intouchables » du village et de ses propres cousins. Je me souviens très clairement comment, quand j'étais jeune garçon, ma mère m'a demandé de m'incliner chaque matin devant tous les membres aînés de la famille, sans oublier les serviteurs ou Sudras.

La Bhagavad Gita, la Bible des hindous, établit les règles suivantes pour les différentes castes de l'Inde :

« Les devoirs des brahmanes, des Kshatriyas, des Vaishyas , ainsi que des Sudras, sont répartis en fonction de leurs qualités nées de la nature. La paix, la retenue, l'austérité, la pureté, le pardon et la droiture, la connaissance, l'intuition directe et la foi en Dieu sont les qualités naturelles du brahmane. Parmi les Kshatriyas, la bravoure, l'énergie, le courage, la dextérité, le fait de ne pas fuir au combat, le don et la seigneurie sont les qualités nées de la nature. L'agriculture, la protection des vaches, des marchandises et diverses industries sont les devoirs naturels des Vaishyas . La conscience dans le service subalterne est le devoir naturel des Sudras. Un homme atteint la perfection en accomplissant les devoirs qu'il est capable d'accomplir.

Cette répartition des tâches entre les différentes castes « conformément à leurs qualités naturelles » mérite une attention particulière. Nous constatons ici que les distinctions originelles entre les différentes classes étaient faites sur la base de leurs qualifications naturelles. "Le but des premiers sociologues hindous était de concevoir une société dans laquelle chacun avait la possibilité de vivre une expérience uniquement conforme à son état mental et spirituel." Au début, les castes n'étaient pas fixées par des barrières de fer, et les occupations et professions des gens n'étaient pas non plus héréditaires. Il y avait une liberté d'expansion et chacun jouissait du privilège de s'élever aux échelons supérieurs du rang social en démontrant son pouvoir et sa capacité à le faire. C'est un fait curieux de l'histoire hindoue que presque toutes ses incarnations, à savoir Bouddha, Rama, Krishna, appartenaient à la seconde caste ou caste militaire. Mais les castes hindoues avaient déjà perdu leur nature flexible dès le VIe siècle avant JC, lorsque Bouddha prêcha à nouveau la doctrine de l'égalité à toutes les classes sociales. Grâce à l'influence des enseignements bouddhistes et pendant plus de mille ans pendant lesquels le bouddhisme a régné sur l'Inde, les divisions artificielles en castes héréditaires entre les peuples ont été presque entièrement démolies et oubliées. «

Bouddha a porté un coup mortel à l'esprit de caste. Il refusait d'admettre les différences entre les personnes en raison de leur couleur ou de leur race. Il ne reconnaîtrait pas un Brahman parce qu'il était né Brahman. D'un autre côté, il distinguait les gens selon leur statut intellectuel et leur valeur morale. [29] Celui qui possédait les qualités de « paix, maîtrise de soi, maîtrise de soi, droiture, dévotion, amour pour l'humanité et sagesse divine » était seul un vrai Brahman. Pour les bouddhistes, la caste était moins importante que le caractère. Ses contes Jataka prêchaient cette doctrine d'une manière simple mais très éloquente :

" *Ce n'est pas correct*

Appeler les hommes blancs

Qui manque de vertu ;

Car c'est un péché

Et pas la peau

Cela rend les hommes noirs.

Pas par la coupe de ses cheveux,

Pas par son clan ou sa naissance,

Puisse un brahmane revendiquer le nom du brahmane,

Mais seulement par valeur morale. [30]

Cependant, vers 600 après JC, lorsque le bouddhisme déclina et que les brahmanes reprirent leur pouvoir, les castes furent à nouveau établies sur les anciennes lignes héréditaires. Depuis lors, l'influence du système vicieux a prévalu, sauf lorsqu'il a été freiné par des enseignants comme Chaityna , qui sont régulièrement apparus à des périodes critiques de l'histoire du pays. L'influence de Nanak dans les temps modernes a été la plus forte en faisant tomber les barrières de caste. Il est né près de Lahore (Pendjab) en 1469 après JC et est devenu le fondateur de la religion sikh . Il reconnaissait l'égalité de tous les êtres humains, quels que soient leur couleur, leur rang ou leur sexe. Dans l'un de ses vers les plus populaires, il dit :

« Un seul Dieu a produit la lumière, et toutes les créatures sont de sa création. Alors que l'univers tout entier est né d'une seule source, pourquoi les hommes appellent-ils l'une bonne et l'autre mauvaise ?

Même de nos jours, les adeptes de Nanak constituent une force formidable dans la démolition des castes. Lors d'une récente assemblée générale des Sikhs tenue à Amritsar (le siège officiel de la religion sikh), il a été annoncé que lors de tous les futurs rassemblements de la communauté, et dans toutes ses cuisines gratuites, partout dans le monde, les cuisiniers appartenant à la classe « intouchable » devraient être employés librement et même bénéficier d'une préférence particulière. Comme début de cette politique, l'offrande habituelle de pudding des Sikhs a été distribuée par des hommes et des femmes « intouchables » à un groupe de près de vingt mille délégués à la convention. Avant cela, des résolutions condamnant « l'intouchabilité » avaient été adoptées à d'innombrables reprises lors de conférences sur les services sociaux ; mais jamais auparavant cette coutume séculaire n'avait été foulée aux pieds, de manière pratique, par aucune autre communauté appartenant à la religion hindoue. Puisse ce début propice inaugurer une conclusion triomphale. On espère sincèrement que le leadership de Gandhi et des disciples virils de Nanak dans l'élimination de la malédiction de « l'intouchabilité » sera bientôt reconnu par l'ensemble de la communauté hindoue. Cela seul pourrait assurer aux nationalistes hindous enthousiastes la liberté politique et économique pour leur pays. S'il n'y avait pas eu l'égoïsme des brahmanes au cours de la période médiévale , égoïsme qui a tendu à diviser les hindous en différentes sections par le biais de restrictions strictes de caste de divers types, l'Inde occuperait aujourd'hui l'avant-garde du progrès mondial au lieu de il y a. Malgré sa faiblesse actuelle, l'Inde possède cependant en elle une merveilleuse force de réserve qui lui permettra de traverser cette crise. Alors que l'Occident hautain, qui s'est toujours plu à narguer les hindous au nom de leur caste, n'a même pas commencé à examiner son problème de conflit racial, l'Inde est déjà en passe de résoudre son propre problème de caste. Progressivement, à mesure que la jeune génération hindoue acquerra plus de pouvoir, « l'intouchabilité » et ses maladies connexes disparaîtront. Personnellement, je crois que les dirigeants indiens vont dans la bonne direction et que bientôt l'égalité entre les membres des différentes castes sera établie dans le pays en tant que partie permanente de sa structure sociale.

« Dans le système hindou, une fois le peuple divisé en différentes castes, l'égalité des chances pour tous prévalait au sein de leurs propres castes, tandis que la caste ou le groupe dans son ensemble avait des responsabilités et des privilèges collectifs. » Chaque caste avait ses propres règles et code d'honneur ; et tant que le mode de vie d'un homme était acceptable pour ses camarades de caste, le reste de la communauté ne s'en souciait pas du tout. En revanche, le statut d'un homme dans le monde extérieur ou sa richesse ne changeaient rien à son rang au sein de la caste. Je vais proposer une illustration tirée de ma propre expérience. Au cours de la semaine de deuil après le décès d'un proche parent de Son Altesse Royale, le prince au pouvoir de l'État natal du Cachemire, Son Altesse Royale a donné une réception officielle aux amis sympathisants. Alors qu'elle saluait d'un signe de tête depuis son siège les épouses des deux plus hauts fonctionnaires de l'État, le Résident anglais et le Premier Ministre, Son Altesse Royale dut recevoir debout l'humble gouvernante de la maison de mon frère, car cette dernière appartenait à la même caste que le prince au pouvoir. « La société ainsi organisée peut être mieux décrite par le terme de socialisme de guilde. »

Un autre trait distinctif dans l'étude de sa caste est le caractère communautaire de la vie hindoue. La société hindoue a été fondée sur une moralité de groupe. Aucun ensemble de règles n'était considéré comme contraignant pour toutes les classes, mais au sein d'une caste donnée, la liberté de l'individu était subordonnée à l'intérêt de la caste. Les hommes ne vivaient pas pour leur propre intérêt ou leur confort, mais pour le bénéfice de la communauté. C'était une vie d'abnégation et la notion de devoir était primordiale. Le bien de la caste, de la race, de la nation passait en premier, et celui de l'individu en second. Le bien-être social était placé avant le bonheur de l'individu. "Pour la famille sacrifiez l'individu, pour la communauté la famille, pour le pays la communauté, pour l'âme le monde entier."

Lequel des deux idéaux, le communisme hindou ou l'individualisme occidental est le meilleur ? Selon Rabindranath Tagore : « L'Europe a peut-être prêché et lutté pour l'individualisme, mais où ailleurs dans le monde l'individu est-il autant esclave ?

D'un autre côté, il faut également se rappeler que tous les idéaux ne sont bons que dans la mesure où ils aident l'individu à développer pleinement sa virilité, et dès qu'ils commencent à l'entraver dans sa croissance naturelle et à contrecarrer sa propre volonté, ils perdent de leur valeur. Tant que les règles de caste des hindous les aidaient dans leur développement spirituel, elles étaient justifiées. Mais à partir du moment où ils commencèrent à perdre leur caractère originel et à devenir une oppression aux mains des classes sacerdotales, qui usaient de leur autorité pour étouffer l'esprit de la nation, ils perdirent leur utilité et invoquèrent le ridicule et la censure de tous les penseurs intelligents.

Là où les sentiments les plus raffinés de fraternité humaine prévalaient sur l'intérêt personnel et le gain individuel, dans une telle communauté aucune voix ne criait en vain au moment de la détresse. Lorsque des décès dans la famille laissaient de jeunes enfants sans parents, ou que la maladie et les malheurs rendaient les foyers sans le sou, la protection des autres membres de la caste était toujours disponible pour ceux qui en avaient besoin. Les orphelins et les membres sans défense de la caste étaient accueillis dans les maisons des frères de caste et soigneusement élevés et nourris avec le reste en tant que membres de la famille. Ici, les chanceux et les malchanceux étaient élevés côte à côte. Ainsi, la nécessité de créer des orphelinats et des hospices ne s'est jamais présentée en Inde. Comme l'a dit un éminent écrivain anglais : [31] « Car pour le génie mûr et doux de l'Orient, il a toujours été clair que les sans défense et les malheureux avaient besoin d'un *foyer* , pas d'une caserne. »

Passons maintenant en revue tout le sujet des castes ainsi : les envahisseurs aryens de l'Inde se sont retrouvés entourés de hordes de races aborigènes et inférieures. Dans des conditions similaires, les envahisseurs européens de l'Amérique et de l'Australie ont exterminé la population d'origine en la tuant ou en la transformant en esclaves humains ; les Aryens hindous évitèrent ces deux inhumanités en intégrant les habitants indigènes du pays dans leur vie sociale. Ils donnèrent à ces peuples inférieurs une place distincte dans l'échelle du travail et leur assignèrent les devoirs du service subalterne, pour lesquels ils étaient seuls qualifiés à l'époque. En outre, pour sauvegarder leur culture supérieure, les dirigeants aryens ont établi des règles strictes interdisant les mariages mixtes avec leurs voisins non aryens. Et comme ces aborigènes avaient des habitudes sales et étaient pour la plupart des mangeurs de charognes, il fut également ordonné, par mesure de précaution hygiénique, que les Aryens ne soient pas autorisés à boire la même eau ni à manger des aliments cuits par des mains non aryennes. Ce fut le début de l'intouchabilité.

Simultanément à cette division raciale s'est formée une division fonctionnelle au sein de la population aryenne, la séparant en trois ordres de prêtres, de guerriers et de laboureurs. Cela constituait la quadruple division du système de castes hindoues : les habitants aryens du pays formaient les trois premières castes des brahmanes, des Khashatriyas et des Vaishyas , tandis que les non-aryens constituaient la quatrième caste des serviteurs ou Sudras. Au début, ces divisions en différentes castes étaient flexibles et les personnes appartenant aux castes inférieures étaient autorisées à accéder aux castes supérieures en raison de leur mérite. Nous constatons que la plupart des maîtres religieux historiques des hindous, à savoir Rama, Krishna et Bouddha, étaient issus de la seconde classe.

Peu à peu, cependant, les castes commencèrent à perdre leur nature flexible et, avant la naissance de Bouddha, en 600 avant JC, elles avaient déjà acquis un caractère héréditaire. Les enseignements du bouddhisme avaient tendance à briser les barrières héréditaires des castes et, pendant mille ans de son règne, le peuple indien avait oublié les frontières de ses castes. « Vers 600 après J.-C., le bouddhisme commença à décliner et les prêtres brahmanes gagnèrent un nouveau prestige. Ils ont rétabli les différentes castes sur les anciennes lignes héréditaires et, à l'exception de quelques percées locales avec l'apparition de dirigeants tels que Nanak au Pendjab et Chaityna dans le sud, l'esprit de caste a prévalu dans toute l'Inde hindoue depuis le déclin. du bouddhisme. » Le plus grand défenseur des classes inférieures qui soit apparu ces derniers temps est le leader pacifique de la révolution silencieuse en Inde, Mahatma Gandhi. Il a parlé et écrit contre l'intouchabilité et les maux qui lui sont associés avec plus d'amertume et plus longtemps que contre d'autres maux politiques et économiques vitaux du pays. Il a répété à maintes reprises à ses compatriotes que l'âme de l'Inde ne peut devenir pure tant que l'intouchabilité demeure parmi les hindous pour la souiller. Et comme preuve de sa sincérité en la matière, il a adopté dans sa propre famille une fille intouchable qu'il appelle la joie du foyer.

Les maux de caste sont tout à fait manifestes. Elle a eu tendance à diviser la communauté hindoue en divers groupes et à détruire ainsi entre eux l'unité de sentiment qui seule pouvait assurer la force nationale. L'absence d'une puissance unie a ouvert la voie aux invasions étrangères, ce qui, une fois de plus, a entraîné l'Inde de son ancien lieu de gloire à son état actuel d'humiliation et de ruine. Pourtant, parallèlement aux nombreux maux du système des castes en Inde, plusieurs avantages en ont découlé. Son existence a eu tendance à rendre le peuple indien conservateur et tolérant. Avec l'institution des castes, ils se sentaient si bien fortifiés en eux-mêmes qu'ils ne craignaient pas l'afflux d'idées nouvelles en leur sein. L'Inde a offert un foyer sûr et bienvenu aux minorités opprimées venues d'autres pays. Les Parsis et les Juifs vinrent s'y installer. Ils furent non seulement tolérés, mais bien accueillis par les Hindous, car ces derniers, assurés de leurs merveilleuses capacités de résistance, n'avaient rien à craindre des influences extérieures. Le système des castes hindoues peut être décrit comme « la formulation sociale de la défense moins tous les éléments d'agression ». Depuis le début de son histoire, l'Inde a été soumise à de nombreuses invasions, mais elle y a résisté avec succès. Au sens culturel du terme, l'Inde, au lieu d'être conquise, « a toujours réussi à conquérir ses conquérants ». Les envahisseurs appartenant à différentes civilisations et races sont venus et ont disparu les uns après les autres ; mais l'Inde survit toujours. [32]

De plus, dans le système hindou de division du travail, on prenait soin d'assigner à chacun sa tâche et sa rémunération de manière à éviter toute friction inutile entre les différentes classes. Sa valeur sera facilement reconnue par ceux qui sont familiers avec les maux de l'industrialisme moderne, nés de la haine intense au sein des différentes classes.

Enfin, il faut reconnaître que les sociologues hindous ont eu au moins le courage d'affronter le problème des conflits raciaux avec un esprit sympathique. Le problème ne venait pas de leur création. La diversité des races existait en Inde avant l'arrivée de ces nouveaux envahisseurs aryens dans le pays. Le système des castes des Hindous était le résultat de leurs efforts sincères pour rechercher une solution à leur difficile problème. Son objectif était de maintenir les différentes races ensemble tout en offrant à chacune d'elles la possibilité de s'exprimer à sa manière. « L'Inde n'a peut-être pas obtenu un succès complet dans ce domaine. Mais qui d'autre l'a fait ? C'était, au moins, mieux que le meilleur auquel l'Occident ait pensé jusqu'à présent. Là-bas, les races les plus fortes ont soit exterminé les plus faibles, comme les Peaux-Rouges en Amérique, soit les ont complètement exclues, comme les Asiatiques en Australie et en Amérique. «Quels que soient ses mérites», dit Tagore, «vous devrez admettre qu'il ne provient pas des impulsions supérieures de la civilisation, mais des passions inférieures de l'avidité et de la haine.»

NOTES DE BAS DE PAGE :

[25] Max Müller.

[26] Tagore.

[27Tagore .

[28] Cité de Otto Rothfield — *Femmes de l'Inde.*

[2 9] EW Hopkins.

[30] Jataka , 440. Cité de EW Hopkins *Ethics of India* .

[31] Margaret E. Noble.

[32] Tagore.

Chapitre V

GANDHI – L'HOMME ET SON MESSAGE

Mohandass Karamchand Gandhi est aujourd'hui le leader reconnu des trois cents millions d'habitants de l'Inde. Il est l'auteur du mouvement de non-coopération non-violente , adopté par le Congrès national indien comme arme de résistance passive permettant de conquérir la liberté de l'Inde. En mars 1922, en raison de ses activités publiques en Inde en tant que leader de ce mouvement, Gandhi fut reconnu coupable de promotion de la désaffection envers la couronne britannique et condamné à six ans d'emprisonnement. Il fut cependant libéré de prison en 1924 sur ordre spécial du gouvernement travailliste britannique. Depuis lors, il est resté la personnalité publique la plus puissante et la plus appréciée du mouvement nationaliste indien.

Son mouvement a suscité un grand intérêt parmi les différents peuples du monde. Mais les informations fournies au public extérieur ont été si vagues et décousues qu'elles ont conduit à des conclusions très erronées. Tant de pures absurdités, sous forme d'éloges et de ridicules à l'égard de Gandhi et de ses activités, ont circulé qu'il est devenu difficile pour l'étudiant sérieux de séparer le réel du fictif. Il est donc tout à fait approprié que nous étudiions attentivement cet homme et son message.

Un nombre suffisant d'érudits, d'étudiants, de missionnaires, de voyageurs et d'écrivains l'ont étudié avec suffisamment de soin pour leur permettre de se forger une opinion fiable. Quelles que soient leurs missions, opinions et appellations, ces enquêteurs s'accordent tous sur la personnalité magnétique de Gandhi et sur la pureté de sa vie privée et publique. "Son sens de l'humour doux et subtil et sa profonde confiance dans le triomphe ultime de la vérité et de la justice contre le mensonge et l'oppression ne manquent jamais d'influencer et d'inspirer tous ceux qui viennent à sa rencontre." Même le juge qui, il y a sept ans, l'a condamné à six ans de prison n'a pas pu résister à la tentation de le qualifier de « grand patriote et de grand leader » et de lui rendre hommage : « Même ceux qui diffèrent de vous en la politique vous considère comme un homme aux idéaux élevés et menant une vie noble et même sainte.

Gandhi, né à Ahmedabad (Inde) en octobre 1869, bénéficiait de tous les avantages d'une éducation précoce sous une direction attentive. Son père, Karamchand Gandhi, un homme riche et homme d'État de profession, combinait en lui la plus haute sagesse et le plus grand savoir politique avec une totale simplicité de manières. Il était respecté dans tout le Deccan, dans laquelle (province) il était premier ministre d'un État autochtone, en tant qu'homme juste et défenseur intransigeant des faibles. « La mère de Gandhi était une dame hindoue orthodoxe, aux conceptions religieuses obstinées. Elle a mené une vie très simple et digne selon les enseignements des Vedas hindous. Elle était une mère très jalouse et affectueuse et s'intéressait profondément à l'éducation de ses enfants. Gandhi, le « Mohan » préféré de ses parents, était le centre de tous les soins et de la discipline de ses proches. Il a hérité de son père la détermination et la ténacité d'une volonté puissante, et de sa mère le sens de la pureté religieuse et morale de la vie. Après avoir obtenu son diplôme dans une école autochtone de sa ville natale, il a été envoyé en Angleterre pour terminer ses études. Il se prépara au barreau de l'Université de Londres et, à son retour en Inde, fut admis comme avocat à la Haute Cour de Bombay. Alors qu'il était encore à Londres, Gandhi prit l'habitude de passer la majeure partie de ses journées dans la solitude. Il ne pouvait échapper aux tentations de la vie trépidante de Londres qu'en s'asseyant seul près de sa fenêtre, un violon sur ses genoux, et en pensant à un monde spirituel invaincu dans son esprit. Produit de circonstances favorables du début et de toute une éducation avancée, Gandhi est donc un gentleman très cultivé aux manières raffinées. Il possède un tempérament heureux avec une teinte de mélancolie qui imprègne sa vie et sa conduite.

En tant que patriote et leader d'un peuple opprimé luttant pour la liberté, Gandhi appartient à la catégorie des grands libérateurs du monde, aux côtés d'hommes tels que Washington, Lincoln et Mazzini. En tant que saint qui a consacré sa vie à prêcher l'évangile de l'amour et de la vérité, et qui a été à la hauteur de ses prédications , il se classe parmi les plus grands sages du monde comme Bouddha, Jésus et Socrate. D'un côté, un dangereux agitateur politique, un promoteur infatigable et infatigable d'une immense révolution de masse ; de l'autre, un champion intransigeant de la non-violence, un saint dont la devise est « Aime tes ennemis », Gandhi est unique, suprême, sans égal et sans égal.

Sa théorie d'une révolution de masse non violente visant à renverser un gouvernement puissant et militariste comme la bureaucratie britannique en Inde, bien qu'étrange et peu pratique à première vue, est pourtant très simple et directe.

« L'homme naît libre, et pourtant, déplorait Rousseau, il est partout enchaîné. » « L'homme naît libre, pourquoi refuserait-il de vivre libre ? » » questionne Gandhi. La liberté est un droit inné de l'homme. Avec une liberté illimitée de pensée et d'action, l'homme pourrait vivre dans une paix et une harmonie parfaites à condition que tous les hommes observent strictement leurs propres devoirs et respectent leurs propres droits. « Mais les hommes tels qu'ils sont et non tels qu'ils devraient être possèdent une certaine part de nature animale. Chez certains, elle est maîtrisée, tandis que chez d'autres, libérée, elle devient cause de troubles et disloque toute liberté. » Pour se prémunir contre l'empiétement de telles natures sur les « droits naturels » et les privilèges d'autrui, les hommes se sont organisés en groupes appelés États. « Ce faisant, chaque membre volontaire de cet État renonce à certains de ses droits personnels en échange de certains privilèges individuels et droits communautaires devant être garantis sous sa protection. Le gouvernement d'un pays est donc une question de choix volontaire de la part de sa population et est organisé pour exercer des fonctions qui conduisent au plus grand bien du plus grand nombre. » Lorsqu'il se corrompt, lorsqu'au lieu de protéger ses membres de toute forme de mal et de désordre, il devient un instrument des forces des ténèbres et un outil de corruption, les citoyens ont le droit inaliénable d'exiger un changement dans l'ordre existant. Ils pourraient d'abord tenter une réforme pacifique, mais si ces tentatives échouent , le droit à la révolution leur appartient. C'est en effet leur droit de refuser leur coopération , directe ou indirecte, avec un gouvernement responsable de la décadence spirituelle et de la dégénérescence politique de leur pays. Gandhi explique ainsi son attitude :

« Nous devons refuser d'attendre que le mal soit réparé jusqu'à ce que le malfaiteur ait pris conscience de son iniquité. Nous ne devons pas, par crainte de souffrir pour nous-mêmes ou pour les autres, y participer. Mais nous devons combattre le mal en cessant d'aider directement ou indirectement celui qui commet le mal.

« Si un père commet une injustice, il est du devoir de ses enfants de quitter le toit parental. Si le directeur d'une école dirige son établissement de manière immorale, les élèves doivent quitter l'école. Si le président d'une société est corrompu, les membres doivent se laver les mains de sa corruption en se retirant de la société ; même ainsi, si un gouvernement commet une grave injustice, le sujet doit retirer sa coopération , en totalité ou en partie, suffisamment pour détourner le dirigeant de sa méchanceté. Dans chacun des cas que je conçois, il y a un élément de souffrance qu'elle soit mentale ou physique. Sans de telles souffrances, il est impossible d'accéder à la liberté. »

* * *

« Le devoir de toute personne craignant Dieu est de se dissocier du mal, au mépris total des conséquences. Il doit avoir foi en une bonne action ne produisant qu'un bon résultat ; c'est à mon avis la doctrine de la Gita sur le travail sans attachement. Dieu ne lui permet pas de regarder vers l'avenir. Il suit la vérité même si la suivre peut mettre sa vie même en danger. Il sait qu'il vaut mieux mourir à la manière de Dieu que de vivre à la manière de Satan. Par conséquent, quiconque est convaincu que ce gouvernement représente l'activité de Satan n'a d'autre choix que de s'en dissocier… »

Pendant plus de vingt-cinq ans, Gandhi a coopéré avec l'Empire britannique chaque fois que celui-ci était menacé et dans le besoin. Bien qu'il l'ait critiqué avec véhémence lorsqu'il tournait mal, il ne souhaitait pas sa destruction jusqu'à sa décision finale de non- coopération en 1920. « Il estimait qu'en dépit de ses abus et de ses défauts, le système était principalement et intrinsèquement bon. » Gandhi s'est engagé dans la guerre mondiale aux côtés des Alliés. Lorsque la guerre éclata, il se trouvait en Angleterre, où il organisa un corps d'ambulance parmi le groupe de ses compatriotes qui y résidaient. Plus tard, en Inde, il accepta un poste dans le service de recrutement britannique en tant qu'officier honoraire et s'efforça jusqu'au point de rupture d'aider la Grande-Bretagne.

« Gandhi a donné des preuves de sa loyauté envers l'Empire et de sa foi dans la justice britannique par des services précieux également à l'occasion de la guerre anglo-boer (1899) et de la révolte zouloue (1906). En reconnaissance de ses services à ces deux dernières occasions, il reçut des médailles d'or et son nom était à chaque fois mentionné dans les dépêches. Plus tard, à son retour en Inde, Lord Hardinge lui a décerné la médaille d'or Kaiser- i -Hind en reconnaissance de ses services humanitaires en Afrique du Sud. Il restitua ces médailles avec détermination, quoique à regret, au vice-roi des Indes le 1er août 1920. La lettre qui les accompagnait contenait entre autres choses cette déclaration :

« Le traitement léger de Votre Excellence à l'égard du crime officiel, votre exonération de Sir Michael O'Dwyer , la dépêche de M. Montague et, par-dessus tout, l'ignorance honteuse des événements du Pendjab et le mépris impitoyable des sentiments des Indiens trahis par la Chambre des Lords, m'ont rempli des plus graves inquiétudes quant à l'avenir de l'Empire, m'ont complètement éloigné du gouvernement actuel et m'ont empêché d'offrir, comme je l'ai offert jusqu'à présent de tout cœur, ma loyale coopération .

Sa déclaration au tribunal au moment de sa condamnation en mars 1922, lorsqu'il a plaidé coupable, se lit comme suit :

« D'un loyaliste et coopérateur convaincu , je suis devenu un désaffectionniste et un non- coopérateur intransigeant ... Prêcher la désaffection envers le système de gouvernement existant est devenu presque une passion pour moi... Si j'étais libéré, je le ferais. fais toujours la même chose. Je manquerais à mon devoir si je ne le faisais pas.... Je devais me soumettre à un système qui a causé un préjudice irréparable à mon pays, ou bien m'exposer à la fureur folle de mon peuple, qui éclatait en apprenant la vérité. de mes lèvres.... Je ne demande pas pitié. Je suis ici pour inviter et me soumettre à la peine la plus élevée qui puisse m'être infligée pour ce qui est en droit un crime, mais qui est le premier devoir de tout citoyen... L'affection ne peut être fabriquée ou réglementée par la loi... (...) Je considère que c'est une vertu d'être mécontent d'un gouvernement qui, dans sa totalité, a fait plus de mal à l'Inde que n'importe quel système précédent.... Ce sont les mauvais traitements physiques et brutaux infligés à l'humanité qui ont fait de nombreux torts. mes collègues et moi-même sommes impatients de vivre la vie elle-même.

La principale différence entre Gandhi et les autres libérateurs, la principale différence entre lui et les autres dirigeants était qu'il voulait que ses compatriotes aiment leurs amis et pourtant ne haïssent pas leurs ennemis. « La haine ne cesse pas par la haine ; la haine cesse par l'amour » était son seul plaidoyer auprès de ses semblables. Il leur a enjoint d'aimer leurs oppresseurs, car seuls l'amour et la souffrance pouvaient amener ces mêmes oppresseurs à voir leurs erreurs. Ainsi, après avoir annoncé publiquement sa politique de non- coopération, il entreprit une vaste tournée à travers le pays. Partout où il allait, il prêchait la désaffection à l'égard du gouvernement en place.

Toute la carrière politique de Gandhi est inspirée par un amour profond pour ses compatriotes qui souffrent. Son cœur brûle du désir de libérer son pays de son état actuel de servitude et de servitude impuissante. L'Inde, berceau de la civilisation et de la culture, source solitaire de lumière et de sagesse pendant des siècles, d'où jaillit le message éternel des missionnaires bouddhistes, où les empires ont prospéré sous la direction attentive d'éminents hommes d'État, la terre d'Asoka et d'Akbar, se trouve à- jour à la tendre merci d'un conquérant hautain, enivré et rendu fou par la conquête d'un peuple impuissant. «Ses arts ont dégénéré, ses littératures sont mortes, ses belles industries ont péri, sa valeur a disparu», elle ne présente qu'un tableau pitoyable au monde qui l'observe . Gandhi, le fils héroïquement déterminé de l'Inde, ressent le besoin de sauver sa patrie de l'état actuel de « lente torture, d'émasculation et de dégradation » et suggère à ses compatriotes d'utiliser l'arme unique mais puissante de la non- coopération pacifique . À travers ce lent processus de « renoncement à soi » et « d'auto-purification », il propose de faire avancer son pays jusqu'à ce que l'objectif de son émancipation politique et de sa liberté spirituelle soit pleinement réalisé. La liberté politique peut être assurée par la force, mais ce n'est pas ce que souhaite Gandhi. Insatisfait de la simple liberté du corps, il s'élève plus haut et aspire à une forme de liberté plus sublime , la liberté de l'âme. À la question : « L'Inde doit-elle suivre l'exemple sévère de l'Europe et mener sa lutte pour l'indépendance politique et économique ? Gandhi répond par un « Non » catégorique et sans réserve. « Qu'a fait la puissante organisation militaire et matérielle de l'Europe pour assurer sa paix future ? Romain Rolland répond : « Il y a un demi siècle, la droite dominait. Aujourd'hui, les choses sont bien pires. La force a raison. La force a dévoré le bien.

Aucun peuple, aucune nation n'a jamais gagné et ne pourra jamais conquérir une véritable liberté par la violence. « La violence implique le recours à la force, et la force est oppressive. Ceux qui combattent et gagnent par la force trouvent en fin de compte à la fois pratique et opportun de suivre la ligne de moindre résistance ; et ils continuent de compter sur la force en temps de paix également, apparemment pour maintenir la loi et l'ordre, mais en pratique pour réprimer et étouffer tout esprit naissant. Le pouvoir peut ainsi changer de mains, tout en laissant le processus pervers se poursuivre sans un instant de répit. La non-violence n'entraîne pas cette dégénérescence inhérente à l'usage de la violence. Gandhi est très éloquent sur ce point lorsqu'il dit :

« Ils peuvent oublier la non- coopération , mais ils n'osent pas oublier la non-violence. En effet, la non- coopération est la non-violence. Nous sommes violents lorsque nous soutenons un gouvernement dont le credo est la violence. Elle ne se fonde finalement pas sur le droit mais sur la puissance. Son dernier appel n'est pas à la raison, ni au cœur, mais à l'épée. Nous sommes fatigués de ce credo et nous nous sommes soulevés contre lui. Ne démentons pas notre profession en étant violents.»

« Il faut aimer ses ennemis tout en haïssant leurs actes ; détester le satanisme tout en aimant Satan » est l'article principal de la foi de Gandhi, et il s'est montré digne de cette haute profession par sa propre conduite personnelle. Durant toutes les années orageuses de sa vie, il est resté ferme dans ses nobles convictions, avec son amour intact, sa foi incontestée, sa véracité incontestée et son courage inébranlable. "Aucune critique, aussi acerbe soit-elle, aucun abus aussi amer, n'a jamais affecté le cœur aimant de Gandhi." À la connaissance de ses associés politiques de toujours (membres du Congrès national indien et d'autres organisations similaires), Gandhi n'a jamais, même dans les moments d'excitation les plus violentes, perdu le contrôle de lui-même. Lorsque des critiques légères ont été adressées à son programme par des collègues plus jeunes et moins expérimentés, lorsque les sarcasmes les plus acerbes lui ont été adressés par des associés plus âgés, il n'a jamais révélé, ne serait-ce qu'un ton de voix, la moindre pointe de colère ou de colère. la moindre marque de mépris. *Sa limite de tolérance n'est pas encore atteinte.*

Au cours des dix dernières années de sa vie politique en Inde, lorsqu'il guida les destinées de ses compatriotes en tant que leader d'un grand mouvement, Gandhi donna une fois de plus des preuves indubitables de l'immensité de son amour pour l'humanité. Que son amour ne soit pas réservé uniquement à ses compatriotes, mais s'étend même à ses ennemis les plus acharnés, il l'a clairement révélé tout au long de la période la plus critique de sa vie. Ses ennemis, les bureaucrates britanniques, ont tenté d'étouffer son mouvement dans l'œuf en utilisant tout le pouvoir dont ils disposaient pour le discréditer aux yeux de ses compatriotes et du monde extérieur. Les calomnies lui furent adressées de toutes parts. Il a été traité d'« hypocrite », d'« agitateur sans scrupules », d'« autocrate déguisé ». Le grand nombre de ses partisans ont été qualifiés de « bêtes stupides » et des centaines de milliers d'entre eux ont été fouettés, emprisonnés et, dans certains cas, même fusillés pour le seul délit que celui de porter la grossière « casquette Gandhi » filée à la main. et chanter l'hymne national indien. Même dans des moments aussi difficiles, il est resté ferme dans sa foi et fidèle à ses professions. La preuve de l'état paisible et paisible de son esprit est amplement fournie par les déclarations suivantes qu'il a faites à la presse indienne au cours de ces jours turbulents :

« Notre non-violence nous apprend à aimer nos ennemis. Par la non-coopération non violente , nous cherchons à vaincre la colère des administrateurs anglais et de leurs partisans. Nous devons les aimer et prier Dieu pour qu'ils aient la sagesse de voir ce qui nous paraît être leur erreur. Ce doit être la prière des forts et non des faibles. Dans notre force, nous devons nous humilier devant notre créateur.

« Au moment de notre épreuve et de notre triomphe, permettez-moi de déclarer ma foi. Je crois qu'il faut aimer mes ennemis... Je crois au pouvoir de la souffrance pour faire fondre le cœur le plus dur... Nous devons par notre conduite démontrer à chaque Anglais qu'il est aussi en sécurité dans le coin le plus reculé de l'Inde qu'il le prétend. sentir derrière la mitrailleuse.

* * *

« Il n'y a qu'un seul Dieu pour nous tous, que nous le trouvions à travers la Bible, le Coran, la Gita, la Zindvesta ou le Talmud, et Il est le Dieu d'amour et de vérité. Je ne déteste pas un Anglais. J'ai beaucoup parlé contre ses institutions, notamment celle qu'il a créée en Inde. Mais vous ne devez pas confondre ma condamnation du système avec celle de l'homme. Ma religion m'oblige à l'aimer comme je m'aime moi-même. Je n'ai aucun intérêt à vivre sauf à prouver ma foi. Je nierais Dieu si je n'essayais pas de le prouver à ce moment critique.

Il ne faut pas oublier que tout cela s'est produit à une époque où M. Gandhi exerçait une emprise incontestée sur le cœur de ses trois cents millions de compatriotes. Mettant de côté toute préséance, ses compatriotes ont élu à l'unanimité Gandhi dictateur du Congrès national indien, doté des pleins pouvoirs pour diriger le pays en cas d'urgence. Un mot de sa part suffisait pour inciter des millions d'Indiens à sacrifier leur vie sans regret ni reproche. Aucun homme n'a jamais exigé l'allégeance d'un si grand nombre d'hommes et s'est senti en même temps aussi doux.

Par les étapes successives de « renoncement à soi » et « d'auto-purification », il prépare progressivement ses compatriotes à la dernière étape de son programme, la désobéissance civile. Une fois que le pays aura atteint cet état, si son programme est réalisé, la révolution aura été accomplie sans verser une goutte de sang. Henry David Thoreau a écrit un jour : « Lorsque l'officier a démissionné de ses fonctions et que le sujet a refusé son allégeance, la révolution est accomplie. » Ce sera l'aube du jour, pleine d'espoir et lumineuse. Les forces des ténèbres et du mal auront fait place à celles de la lumière et de l'amour. Mais cela ne se réalisera que si la politique de Gandhi est littéralement adoptée et finalement triomphe. Il explique:

« La non-violence politique des non- coopérateurs ne résiste pas à l'épreuve dans la grande majorité des cas. D'où la prolongation de la lutte. Que personne ne blâme la nature anglaise inflexible. La fibre la plus dure doit fondre devant le feu de l'Amour. Lorsque la nature britannique ou autre ne répond pas, le feu n'est pas assez fort.

« Si la non-violence doit rester la politique de la nation, nous sommes tenus de la mettre en œuvre à la lettre et dans l'esprit. Il faudra alors rapidement se rattraper avec les Anglais et les Coöperators . Nous devons obtenir le certificat attestant qu'ils se sentent absolument en sécurité parmi nous, qu'ils nous considèrent comme des amis, même si nous appartenons à une école de pensée et de politique radicalement différente. Nous devons les accueillir sur notre plateforme politique en tant qu'invités d'honneur ; nous devons les recevoir sur des plateformes neutres en camarades. Notre non-violence ne doit pas engendrer la violence, la haine ou la mauvaise volonté.

« Si nous abordons notre programme avec la réserve mentale qu'après tout, nous allons arracher le pouvoir aux Britanniques par la force des armes, alors nous ne sommes pas fidèles à notre profession de non-violence... Si nous croyons en notre programme, nous Nous sommes obligés de croire que le peuple britannique n'est pas insensible à la force de l'affection, tout comme il est indubitablement réceptif à la force des armes.

« Swaraj est un état d'esprit, et l'état mental de l'Inde a été remis en question... L'Inde ne gagnera son indépendance et Swaraj que lorsque le peuple aura acquis la force de mourir de son plein gré. Ensuite, il y aura Swaraj .

Gandhi a été sévèrement attaqué par ses amis et ses ennemis pour avoir consenti à apporter son aide à la cause de la guerre mondiale, en contradiction avec ses propres enseignements de non-résistance. Gandhi a été accusé d'incohérence et même ses plus ardents admirateurs ne parviennent souvent pas à concilier ses actes pendant la guerre avec la doctrine de « l'Ahimsa » (non-violence envers toute forme de vie). Dans son autobiographie, il a tenté de répondre à ces objections que nous allons maintenant examiner. Il écrit:

« Je ne fais aucune distinction, du point de vue de *l'ahimsa* , entre combattants et non-combattants. Celui qui se porte volontaire pour servir une bande de dacoits, en travaillant comme leur porteur, ou leur gardien pendant qu'ils s'occupent de leurs affaires, ou leur nourrice lorsqu'ils sont blessés, est autant coupable de dacoity que les dacoits eux-mêmes. De la même manière, ceux qui se limitent à soigner les blessés au combat ne peuvent être absous de la culpabilité de la guerre.

Cette déclaration montre que les raisons pour lesquelles il est entré en guerre étaient différentes de celles des Quakers, qui pensent que porter secours aux blessés de guerre est un acte d'amour chrétien. Gandhi, au contraire, estime que celui qui fabriquait des bandages pour la Croix-Rouge était tout aussi coupable de meurtres commis à la guerre que les combattants. Tant que vous avez consenti à faire partie de la machinerie de guerre dont le but est la destruction, vous êtes vous-même un instrument de destruction. Et quelle que soit la manière dont vous argumentez sur la question, vous ne pouvez pas être absous de la culpabilité morale impliquée. Celui qui a proposé ses services comme ambulancier sur les champs de bataille aide les seigneurs de la guerre tout autant que son frère porteur d'armes. L'une consiste à aider la cause du seigneur de guerre en tuant l'ennemi, l'autre en aidant la guerre à accomplir plus efficacement son œuvre de meurtre.

Je me souviens de la dispute que j'ai eue une fois avec un de mes amis très consciencieux, qui est un ennemi obstiné de la guerre et qui pourtant se souvient de l'incident suivant de sa vie avec un air triste. Un jour, alors qu'il vivait à Londres, un jeune ami est venu lui faire ses adieux avant de partir pour le front. Le gaz toxique venait tout juste d'être introduit dans la guerre comme arme. Les combattants avaient pour instruction de se procurer des masques à gaz avant de partir, mais l'approvisionnement était limité et son jeune ami soldat a dû se passer de masque à gaz. Il a cependant laissé son permis en demandant que mon ami reçoive le masque lors de la prochaine livraison et l'envoie à l'adresse de son régiment. Deux jours plus tard, le masque à gaz a été envoyé par courrier à ce jeune soldat sur le front de bataille. Mais avant d'y arriver, le soldat était déjà mort. Le premier jour après l'arrivée du régiment, celui-ci fut lourdement gazé par l'ennemi et tous ceux qui étaient partis sans masques de protection furent tués. Le colis a été retourné à mon ami à son adresse de Londres avec la triste nouvelle que son ami n'était plus là. Il était amèrement déçu que le masque ne soit pas parvenu au jeune homme bien-aimé à temps pour lui sauver la vie. J'interprète toute l'affaire de cette manière : en envoyant un masque à gaz à ce soldat anglais, mon ami pacifiste conspirait, même inconsciemment, pour tuer les Allemands. Il voulait sauver son ami de la mort, mais réalisait-il qu'en même temps il souhaitait plus de morts à l'ennemi ? En fait, il aidait à sauver un jeune homme afin que ce jeune homme puisse tuer davantage de jeunes hommes de l'autre côté. Comment Gandhi justifie-t-il alors sa participation à la guerre ? Nous allons le laisser parler encore une fois. Il écrit:

« Lorsque deux nations se battent, le devoir d'un adepte de l' *ahimsa* est d'arrêter la guerre. Celui qui n'est pas à la hauteur de ce devoir, celui qui n'a pas le pouvoir de résister à la guerre, celui qui n'est pas qualifié pour résister à la guerre, peut prendre part à la guerre et pourtant essayer de tout son cœur de se libérer, de libérer sa nation et le monde de la guerre. guerre.

« J'avais espéré améliorer mon statut et celui de mon peuple grâce à l'Empire britannique. Alors que j'étais en Angleterre, je bénéficiais de la protection de la flotte britannique et, en m'abritant sous sa puissance armée, je participais directement à sa violence potentielle. Par conséquent, si je désirais conserver mes liens avec l'Empire et vivre sous sa bannière, l'une des trois options suivantes s'offrait à moi : je pouvais déclarer une résistance ouverte contre la guerre et, conformément à la loi du Satyagraha, boycotter l'Empire jusqu'à ce qu'il soit détruit. Je pouvais changer sa politique militaire, ou je pouvais demander l'emprisonnement par désobéissance civile à celles de ses lois qui étaient dignes d'être désobéies, ou je pouvais participer à la guerre aux côtés de l'Empire et acquérir ainsi la capacité et l'aptitude à résister à la violence de l'Empire. guerre. Il me manquait cette capacité et cette condition physique, alors je pensais qu'il n'y avait rien d'autre à faire que de servir dans la guerre.

Dans quelle mesure l'explication de M. Gandhi peut répondre aux objections de ses critiques, nous laisserons nos lecteurs juger par eux-mêmes. La question est discutable et admet des divergences d'opinion. Si son argument ne convainc pas les autres croyants en la doctrine de la non-résistance, Gandhi ne sera ni surpris ni offensé. Ce qu'une de mes éminentes amies pacifistes m'a écrit après avoir lu la réponse de Gandhi peut se résumer ainsi :

L'argument de Gandhi est totalement faux. Lorsqu'on lui a demandé d'aider la Croix-Rouge, on lui a également répondu qu'elle bénéficiait de la protection de l'armée et de la marine. A cela elle répondit qu'elle ne souhaitait pas la protection de l'armée et de la marine. En tant qu'objecteur de conscience à la guerre, elle estimait qu'il était de son devoir de résister à la guerre au mieux de ses capacités et de sa puissance. Lorsqu'elle s'opposait à la guerre de toutes ses forces, au lieu d'être un simple rouage dans la roue de la guerre, elle était comme un boulon desserré dans la machinerie. Ainsi, dans sa résistance, « elle fut une force positive contre la guerre ».

Tel est en bref l'homme Gandhi. Comme échantillon des éloges et de l'affection qui lui ont été prodigués de toutes parts, nous donnerons en conclusion l'esquisse de Gandhi sous la plume artistique de son honnête admirateur, M. Romain Rolland :

« Des yeux doux et sombres, un petit homme frêle, au visage maigre et aux yeux saillants assez grands, la tête couverte d'un petit bonnet blanc, le corps vêtu d'un grossier drap blanc, pieds nus. Il vit de riz et de fruits et ne boit que de l'eau. Il dort par terre, très peu et travaille sans cesse. Son corps ne semble pas du tout compter. Son expression proclame « une patience infinie et un amour infini ». WW Pearson, qui l'a rencontré en Afrique du Sud, a instinctivement pensé à saint François d'Assise. Il y a chez lui une simplicité presque enfantine. Ses manières sont douces et courtoises même lorsqu'il s'agit d'adversaires, et il est d'une sincérité immaculée. Il est modeste et sans prétention, au point de paraître parfois presque timide, hésitant, dans ses affirmations. Pourtant, vous ressentez son esprit indomptable. Il n'a pas non plus peur d'admettre ses torts. La diplomatie lui est inconnue, il évite l'effet oratoire ou plutôt n'y pense jamais, et il recule inconsciemment devant les grandes manifestations populaires organisées en son honneur. Littéralement « malade de la multitude qui l'adore », il se méfie des majorités et craint la « mobocratie » et les passions débridées de la population. Il ne se sent à l'aise qu'au sein d'une minorité et est plus heureux lorsque, dans une solitude méditative, il écoute « la petite voix intérieure ».

Chapitre VI

L'EXPÉRIENCE DE L'INDE AVEC LA RÉSISTANCE PASSIVE

Dans un chapitre précédent, nous avons discuté du caractère et de l'esprit du Mahatma Gandhi, entre les mains duquel est tombée la responsabilité de diriger un pays de 300 millions d'habitants à travers une révolution politique. Il faut cependant comprendre que Gandhi est le leader de la révolution et non son créateur. Les penseurs modernes admettent universellement que les individus ou les petits groupes de réformateurs ne font pas de révolutions. « Les agitateurs ou les hommes de génie et de compétence dans une communauté arriérée peuvent attiser des révoltes sporadiques et provoquer des troubles mineurs, mais aucune agence humaine ne pourra jamais créer des révolutions de masse. Une révolution réussie nécessite un état d'évolution politique et sociale prêt pour la transformation souhaitée. L'histoire des révolutions politiques et sociales importantes dans le monde fournit suffisamment de preuves à l'appui de cette théorie. » [33] L'insurrection des esclaves dirigée par l'habile Spartacus, malgré leurs premières victoires admirables, ne put renverser la domination romaine. Les premières tentatives des révolutionnaires prolétariens, soutenues par des dirigeants brillants et audacieux, étaient vouées à l'échec. La révolte de l'Inde contre la domination anglaise en 1857 fut bien menée, mais elle ne put réussir. Dans tous ces cas, le même argument est valable. Le moment n'était pas venu pour le changement souhaité. Dans le cas présent, Gandhi a connu un succès éclatant parce que l'Inde était préparée à l'avance à une révolution de masse. Résistance passive, ou pas de résistance passive, la révolution indienne était inévitablement une conséquence nécessaire de la longue oppression politique et de l'exploitation économique du pays. Le peuple était déjà désespéré lorsqu'un soulèvement de masse uni fut précipité par les actions brutales du gouvernement anglais en 1919. Pendant la guerre, le Parlement anglais avait promis une certaine autonomie au peuple indien en récompense de sa loyauté envers l'Empire. . Au début de 1919, alors que le pays faisait campagne pour l'autonomie gouvernementale promise, le gouvernement anglais de l'Inde a adopté par la force, contre l'opposition unanime de toutes les couches de la population, des mesures répressives spéciales afin de freiner la propagation du nationalisme en Inde. Des manifestations pacifiques contre les projets de loi récemment adoptés ont été organisées dans tout le pays. Une fois de plus, le gouvernement a agi durement en utilisant des méthodes inhumaines sous la forme de flagellations publiques, de rampements , etc., dans le but de réprimer l'esprit de liberté naissant dans tout le pays. Juste à ce moment-là, Gandhi entra en scène et proposa à ses compatriotes le recours à la résistance passive pour accomplir leur révolution politique. Sa résolution de non- coopération non violente a été officiellement adoptée par le Congrès national indien et la nation, dans sa lutte pour la liberté, s'est engagée à la non-violence. Que sont la résistance passive et la non- coopération non violente ?

« L'éthique de la résistance passive est très simple et doit être connue de tout étudiant du Nouveau Testament. La résistance passive , par essence, est la soumission à la force physique *sous couvert de protestation* . La résistance passive est vraiment un abus de langage. Aucune pensée n'est plus éloignée du cœur du résistant passif que la pensée de la passivité. L'âme de son idéal est la résistance, et il résiste de la manière la plus héroïque et la plus énergique. » La seule différence entre son héroïsme et notre conception commune du mot réside dans le choix de l'arme. Sa doctrine principale est d'éviter la violence et de substituer à la force physique les forces de l'amour, de la foi et du sacrifice. « La résistance passive résiste, mais pas coup pour coup. La résistance passive qualifie l'utilisation de l'arme physique entre les mains de l'homme de la chose la plus lâche de la vie. » La résistance passive apprend aux hommes à résister héroïquement à la puissance et à l'injustice des hommes faux et injustes. Mais ils doivent combattre avec des armes morales et spirituelles. Ils doivent résister à la tyrannie avec patience, à la haine avec amour, au mal par le bien et à l'injustice avec foi. « Rejeter l'arme lâche des méchants et des injustes est inutile. Laisse tomber. Supportez vos souffrances avec patience. Placez votre foi dans la force de l'âme divine de l'homme. « La fibre la plus dure doit fondre devant le feu de l'amour. Quand les résultats ne correspondent pas, le feu n'est pas assez fort. « La ténacité indomptable et la magie de la grande âme opèreront et l'emporteront ; la force doit s'incliner devant la douceur héroïque. C'est la technique de la résistance passive.

L'application réelle de ce principe à la politique nécessite une explication. Les individus ou les groupes ont le droit de refuser de se soumettre à l'autorité du gouvernement qu'ils considèrent injuste et brutale. « Le peuple indien, dit Gandhi, a été convaincu, après de longues et terribles épreuves, que le gouvernement anglais de l'Inde est satanique. C'est basé sur la violence. Son objet n'est pas le bien du peuple, mais la rapine et le pillage. Il ne travaille pas dans l'intérêt des gouvernés et ses politiques ne sont pas guidées par leur consentement. Elle ne se fonde finalement pas sur le droit mais sur la force. Son dernier appel n'est pas à la raison, ni au cœur, mais à l'épée. Le pays en a assez de cette croyance et s'y oppose.» Dans ces conditions, la solution la plus simple à suivre est de chercher à détruire une telle institution. Le peuple indien peut détruire la chose par la force, ou bien il peut refuser sa coopération à ses diverses activités et la rendre impuissante ; puis refusez leur soumission à son autorité et rendez-la inutile.

Considérons simplement le cas d'un pays où tous les fonctionnaires du gouvernement démissionnent de leurs fonctions, où le peuple boycotte les diverses institutions gouvernementales telles que les écoles et collèges publics, les tribunaux et les législatures ; et où les contribuables refusent de payer leurs impôts. Le peuple peut faire tout cela sans recourir à la force, et ainsi arrêter la machine gouvernementale et en faire une chose insignifiante sans utilisation ni pouvoir. Pour citer encore Thoreau : « Lorsque l'officier a démissionné de ses fonctions et que le sujet a refusé son allégeance, la révolution est accomplie. » C'est exactement ce que le peuple indien a entrepris de faire par sa politique actuelle de résistance passive. Si simple que soit la théorie, la pratique est difficile et périlleuse. Lorsqu'un peuple recourt à ces moyens pacifiques pour accomplir une révolution politique, il doit être prêt à endurer des souffrances illimitées. Le camp ennemi sera déterminé et organisé ; de là naîtront des provocations constantes et des démonstrations de force brutales. Dans ces circonstances difficiles, la seule chance de succès du résistant passif réside dans sa volonté de souffrir infiniment et courageusement, qualités qui à leur tour impliquent une puissante réserve de maîtrise de soi et un dévouement total à l'idéal. De toute évidence, préparer une nation de 300 millions d'habitants à cette tâche immense doit prendre du temps et exiger beaucoup de patience et de courage. Pour citer Gandhi :

« La non- coopération n'est pas un mouvement de vantardise, de fanfaronnade ou de bluff. C'est un test de notre sincérité. Cela nécessite un sacrifice de soi solide et silencieux. Cela remet en question notre honnêteté et notre capacité de travail national. C'est un mouvement qui vise à traduire les idées en actions.

Le peuple indien avance dans la dignité sur le chemin de la liberté. Ils se rapprochent petit à petit de leur objectif. Sur leur chemin, les résistants passifs tirent les leçons d'amères expériences et gagnent chaque jour davantage en foi. Nous savons avec certitude qu'ils vont dans la bonne direction et qu'ils avancent tranquillement, mais nous ne pouvons pas dire quand ils sortiront victorieux. Pour aider le lecteur à saisir l'esprit subtil qui se cache derrière ce mouvement, nous citerons encore quelques lignes de la plume de son leader :

« Je suis un homme de paix. Je crois en la paix. Mais je ne veux pas la paix à tout prix. Je ne veux pas de la paix que l'on trouve dans la pierre. Je ne veux pas de la paix que tu trouves dans la tombe ; mais je veux la paix que vous trouvez enchâssée dans le sein humain, qui est exposé aux flèches du monde entier, mais qui est protégé de tout mal par la puissance du Dieu Tout-Puissant.

Le port du tissu artisanal par toutes les classes sociales, riches et pauvres, est l'un des éléments les plus importants du programme non coopératif . Pourtant, chaque fois que j'ai tenté de me justifier devant mes amis américains, j'ai reçu en réponse un haussement d'épaules. Non seulement les profanes, mais aussi les étudiants sérieux en économie ont répondu : « Cela revient à revenir aux méthodes médiévales . À l'heure où les machines tournent à la maison, c'est une pure folie. » Pourtant, il n'est pas nécessaire d'être économiste pour savoir que « le travail consacré à la filature à domicile et donc utilisé dans la création d'un service public est mieux dépensé que gaspillé dans l'oisiveté ». La majorité de la population de l'Inde vit directement des produits du sol. Ils restent dans une inactivité forcée une grande partie de l'année. Il n'y a aucune industrie à la campagne, qu'elle soit artisanale ou urbaine. Les gens n'ont donc rien pour s'occuper pendant leurs mois d'inactivité. Avant la conquête anglaise, l'Inde agricole possédait ses industries supplémentaires sur lesquelles les gens pouvaient s'appuyer pendant leurs temps morts. Mais ces industries ont été complètement détruites par la politique fiscale anglaise à l'égard de l'Inde, formulée avec le désir de construire l'industrie textile et d'autres industries anglaises sur les ruines des industries indiennes. Le pays produit plus de coton que ce dont il a besoin pour son propre usage. Dans des conditions ordinaires, ce coton est exporté hors du pays, et le tissu fabriqué dans les filatures d'Angleterre est importé dans le pays pour sa consommation. Faute de substitut, les gens sont obligés d'acheter ce tissu étranger. Et ils sont si misérablement pauvres que la grande majorité d'entre eux ne peuvent pas se permettre un repas par jour. Rien de plus judicieux pour ces personnes que d'adopter le filage à domicile pendant leurs heures de repos. Cela contribuera à les sauver, au moins en partie, de la famine. Permettez-moi de citer Gandhi à ce sujet :

«Je revendique pour le rouet les propriétés d'un instrument de musique, car tandis qu'une femme affamée et nue refuserait de danser au son d'un piano, j'ai vu des femmes rayonnant de joie en voyant fonctionner le rouet, car ils savent qu'ils peuvent, grâce à cet instrument rustique, se nourrir et se vêtir.

« Oui, cela résout le problème de la pauvreté chronique en Inde et constitue une assurance contre la famine...

« Lorsque la filature fut presque obligatoirement arrêtée, rien ne la remplaça, sauf l'esclavage et l'oisiveté. Nos usines ne peuvent aujourd'hui produire suffisamment de filature pour répondre à nos besoins, et si elles le faisaient, elles ne maintiendraient pas les prix bas à moins d'y être contraintes. Ils sont franchement générateurs d'argent et ne réguleront donc pas les prix en fonction des besoins de la nation. Le filage manuel vise donc à mettre des millions de roupies entre les mains des villageois pauvres. Tout pays agricole a besoin d'une industrie supplémentaire pour permettre aux paysans d' utiliser leurs heures libres. Une telle industrie en Inde a toujours été en activité. S'agit-il d'un idéal visionnaire — une tentative de faire revivre une ancienne occupation dont la destruction a entraîné l'esclavage, le paupérisme et la disparition du talent artistique inimitable qui s'exprimait autrefois dans le merveilleux tissu de l'Inde et qui faisait l'envie du monde ?

Le peuple indien a commis des erreurs dans le passé et il en fera probablement d'autres à l'avenir. Mais le fait qu'en s'en tenant à la non-violence ils accomplissent l'idéal le plus noble jamais conçu par l'homme et qu'en restant fidèles à l'esprit de résistance passive ils suivent une lumière plus vraie et plus riche ne sera pas remis en question. L'humanité dans son ensemble verra-t-elle la sagesse de la résistance passive ? Dans notre état actuel, cela me semble très douteux. Il sera facile de convaincre l'homme ordinaire de la vertu et de la sagesse de la non-violence. Mais malheureusement, les rênes de notre destin ne sont pas entre les mains des gens ordinaires. Ceux qui détiennent le pouvoir sur les nations du monde ont d'autres intérêts à défendre que les intérêts communs de l'homme moyen. Ils sont voués au service d'autres maîtres dont le bien-être n'est pas le bien-être de la race entière. « Le monde est aujourd'hui gouverné par ceux qui doivent opprimer et tuer pour exploiter. » Tant que cette situation persistera, il y aura peu d'espoir de réforme de la société humaine. Nous devons tous souffrir parce que nous n'apprendrons pas.

L'humanité ne refusera pas toujours d'écouter la voix de la raison. Un temps viendra où les grandes masses du monde entier refuseront de se battre, où l'exploitation et les guerres cesseront et où les différents groupes de la race humaine accepteront de vivre ensemble dans la coopération et la paix.

Une illustration de la puissance de la résistance passive a été fournie lors du conflit entre le gouvernement britannique de l'Inde et les Sikhs Akali au sujet de la gestion de leurs sanctuaires. Cet incident montre jusqu'où peuvent atteindre les êtres humains en proie au sacrifice de soi et à la souffrance lorsqu'ils sont sous le charme d'un noble idéalisme. Les sikhs sont une race virile de combattants. Ils sont tous membres d'une confrérie religieuse et représentent près d'un sixième de la population de la province du Pendjab, au nord-ouest de l'Inde. Ils constituent à eux seuls une communauté très importante, étroitement liée par un sentiment de fraternité commune. Ils s'appellent tous Singh, ce qui signifie le lion, et sont à juste titre fiers de leur histoire, qui, bien que brève, est pourtant pleine d'actes inspirants commis par les ancêtres sikhs pour la défense de la liberté religieuse et de la justice au cours de la Seconde Guerre mondiale. jours maléfiques de quelques dirigeants moghols corrompus et fanatiques de l'Inde. En règle générale, les Sikhs appartiennent à la classe des agriculteurs et les hommes comme les femmes sont robustes et d'apparence saine. Leurs hommes se distinguent par leurs cheveux longs et leur barbe. Ils sont nés avec des caractéristiques martiales et sont naturellement très audacieux et courageux dans leurs habitudes. Une fois éveillés au sens du devoir envers les faibles et les opprimés, ils se sont toujours montrés prêts à donner leur vie sans remords ni regret. Les sikhs constituent une partie importante des forces militaires et policières de l'Inde et de plusieurs colonies britanniques. Les touristes qui ont visité l'Est se souviendront des grands policiers sikhs barbus des principautés britanniques de Shanghai et de Hong Kong . Depuis la mutinerie des cipayes de 1857, les sikhs ont toujours été considérés comme les sujets les plus loyaux et les plus dévoués de la couronne britannique en Inde. « Sur les champs de bataille de Flandre, de Mésopotamie, de Perse et d'Égypte, ils ont fidèlement et bien servi l'Empire. Leurs actes d'héroïsme ont été particulièrement remarqués dans les moments les plus difficiles de la guerre mondiale. »

Avant que les Britanniques n'acquièrent la province en 1849, les Sikhs étaient les dirigeants du Pendjab. Au cours de leur règne, les princes sikhs avaient accordé de riches concessions de terres et d'autres biens aux temples et sanctuaires historiques de leur religion. Grâce à l'introduction de canaux d'irrigation, certaines de ces propriétés ont acquis d'immenses valeurs ces dernières années, leurs revenus annuels s'élevant dans plusieurs cas à un million de roupies ou plus.

Les Sikhs ont toujours considéré les propriétés du temple comme appartenant à la communauté. Et lorsqu'il fut porté à l'attention de leurs dirigeants progressistes que les prêtres héréditaires de certains centres sikhs historiques et riches étaient devenus corrompus et gaspillaient l'argent du temple dans des plaisirs vicieux, les sikhs organisèrent le Comité central de gestion du sanctuaire. L'objectif du comité était de retirer aux prêtres corrompus la gestion de tous les sanctuaires sikhs importants et de la confier à la communauté. Le comité a été organisé pour la première fois en novembre 1920 et ses membres ont été élus sur la base du suffrage universel ouvert aux deux sexes. La méthode de procédure suivie par le comité était celle de l'arbitrage. Un sous-comité local, composé des principaux sikhs du quartier, a été formé pour surveiller les affaires de chaque sanctuaire. Ce sous-comité devait agir en coopération avec le prêtre du temple, qui devait désormais être un subordonné et non plus le seul maître. Chaque fois que les prêtres acceptaient d'arbitrer l'affaire de manière équitable, ils étaient autorisés à utiliser librement leur logement et recevaient des salaires généreux pour les dépenses du ménage. Grâce à cette méthode, le Comité central des sanctuaires devint en peu de temps maître de certains des sanctuaires sikhs les plus riches et les plus importants.

Alors que dans plusieurs des plus petits endroits, ce transfert de propriété s'est réalisé par des moyens pacifiques, dans certains des temples les plus grands, la communauté a dû subir de lourdes pertes en vies humaines. Par exemple, à Nanakana Sahib, la Jérusalem des Sikhs, une bande d'une centaine de partisans non armés du Comité central était encerclée par une bande de mercenaires armés du prêtre. Ils ont d'abord été abattus, puis agressés à coups de crosse de fusil, puis coupés en petits morceaux ou brûlés vifs après avoir été préalablement trempés dans de l'huile de kérosène. Le prêtre a personnellement supervisé toute cette affaire de boucherie en plein jour qui n'a pris fin que lorsque le dernier des Sikhs a été consumé par le feu de joie sanglant. Plus tard, on a découvert que le prêtre s'était préparé à l'effusion de sang bien avant, qu'il avait engagé des voyous armés et barricadé les locaux du temple après avoir consulté le juge de paix anglais local. Les principaux quotidiens du pays ont déclaré ouvertement que le commissaire civil anglais était co-partenaire du crime, mais le gouvernement n'en a pas tenu compte. La population hindoue n'a pas été surprise que le prêtre qui avait assassiné cent Sikhs innocents, inoffensifs et pieux ait échappé à la peine capitale devant les tribunaux britanniques ou que dans sa prison il ait été entouré de tout le luxe princier de son ancien palais.

Gourou Ka Bagh est un temple sikh historique, situé à près de 13 km du siège central des Sikhs dans la ville d'Amritsar. Grâce à un accord conclu entre le Comité central du sanctuaire et le prêtre du temple le 31 janvier 1921, Guru Ka Bagh était placé sous la direction d'un conseil local assisté du prêtre. Six mois plus tard, probablement à la suggestion du commissaire civil, le prêtre brûla tous les registres du temple et chassa le représentant du Comité central hors des locaux du temple ; sur quoi le Comité central prit entièrement en charge le temple. Ils étaient en possession incontestée des lieux jusqu'à ce que les troubles commencent, un an plus tard, avec l'arrestation de cinq Sikhs Akali , qui étaient sortis pour couper du bois de chauffage dans les terrains environnants rattachés au Guru Ka. Bagh . Le commissaire civil a déposé une plainte officielle auprès du prêtre déchu, affirmant qu'en coupant du bois destiné à la cuisine du temple, les Akalis violaient ses droits de propriété. La coupe de bois sur place s'est poursuivie comme d'habitude jusqu'à ce que la police commence à procéder à des arrestations massives de tous les soi-disant intrus.

Cette procédure s'est poursuivie pendant quatre jours jusqu'à ce que la police découvre qu'un grand nombre d' Akalis (immortels) affluaient de tous côtés, chacun désireux d'être arrêté pour protéger les droits de sa communauté. Ensuite, la police a commencé à frapper les bandes d'Akali avec des bâtons de bambou de six pieds de long et munis de boutons de fer aux deux extrémités. Dès que les Akalis , par groupes de cinq, ont commencé à traverser pour couper du bois, ils ont été agressés par la police armée de ces bâtons de bambou et ont été impitoyablement frappés sur la tête et le corps jusqu'à ce qu'ils perdent connaissance et aient dû être emportés par les forces de l'ordre. les ambulanciers du temple.

La nouvelle de cette nouvelle méthode de punition s'est immédiatement répandue dans tout le pays comme une traînée de poudre et des milliers de Sikhs ont commencé à se diriger vers Amritsar. Le gouvernement a interdit la vente de billets de train à tous les Sikhs Akali portant des turbans noirs, qui constituaient leur uniforme national. Les différentes autoroutes menant à la ville du Temple d'Or, Amritsar, ont été bloquées par des policiers armés. Mais après qu'un appel ait été lancé en leur faveur au siège officiel du Comité central de gestion du sanctuaire, rien n'a pu empêcher les Akalis de se rassembler en masse dans la ville. Là où les chemins de fer refusaient le passage, ils parcouraient de longues distances à pied, et lorsque les ponts fluviaux et les canaux étaient gardés contre eux, hommes et femmes traversaient les eaux à la nage pour atteindre leur temple sacré à Amritsar. En l'espace de deux jours, les immenses locaux du Temple d'Or furent remplis d' Akalis de toutes sortes et de toutes sortes – des garçons de douze ans avec des ampoules aux pieds à cause d'une marche prolongée, des femmes de tous âges – et pourtant, un grand nombre affluait rapidement.

«Parmi eux se trouvaient des vétérans médaillés de nombreuses guerres qui avaient combattu pour les Anglais dans des pays étrangers et gagné une reconnaissance éminente, et qui s'étaient maintenant précipités à Amritsar pour gagner un mérite plus élevé et plus noble au service de leur religion et de leur pays. Ils s'y étaient rassemblés pour être impitoyablement battus et tués par les agents du même gouvernement pour la protection duquel ils s'étaient battus chez eux et à travers les mers. Ces vieux guerriers, désillusionnés par leurs amis anglais, qui conspiraient maintenant pour leur enlever le simple droit de culte dans leurs propres temples, n'avaient pas perdu leur indépendance et leur courage. Ils avaient toujours été les premiers à sauter devant les canons de l'ennemi sur les champs de bataille d'Angleterre ; ils étaient les premiers ici pour se jeter aux pieds de leur Comité central du sanctuaire, prêts à sacrifier leur vie à ses ordres. Tous étaient impatients, les uns plus que les autres, de s'offrir pour être battus à Guru Ka. Bagh .

Constatant que leurs efforts pour empêcher les Akalis de se rassembler à Amritsar avaient été totalement infructueux, le gouvernement a émis des ordres stricts interdisant à toute personne ou groupe de personnes de se rendre à Guru Ka. Bagh . Évaluant l'ensemble de la situation, les dirigeants rassemblés de la communauté représentée au Comité central du sanctuaire ont immédiatement résolu deux choses. Premièrement, la communauté contesterait son droit de pèlerinage et de culte pacifiques à Guru Ka. Bagh et d'autres temples jusqu'au dernier parmi les Sikhs avaient été tués dans la lutte. Deuxièmement, ils adhéreraient fermement à la lettre et à l'esprit des enseignements de non-violence du Mahatma Gandhi. Troisièmement, ils décidèrent d'envoyer Akalis à Guru Ka. Bagh par lots de cent chacun, au mépris direct des ordres du gouvernement britannique. Avant de commencer la marche, chaque Akali devait prêter serment de stricte non-violence ; qu'il n'utiliserait pas la force dans des actions ou des paroles sous quelque provocation que ce soit ; que s'il était agressé, il se soumettrait aux rudes traitements avec résignation et humilité ; que quelle que soit la nature de son épreuve, il ne tournerait pas la tête en arrière. Soit il atteindrait Guru Ka Bagh et sortir couper du bois lorsque cela lui était demandé, sinon il serait transporté inconscient, mort ou vivant, à l'hôpital d'urgence du comité.

Le premier lot a commencé vers Guru Ka Bagh le 31 août 1922, après avoir fait vœu de non-violence. Les Akalis étaient vêtus de turbans noirs avec des guirlandes de fleurs blanches enroulées autour de la tête. Sur leur chemin, alors que les Akalis chantaient en chœur leurs hymnes religieux, ils furent accueillis par une bande de policiers armés de bâtons de bambou. Simultanément, les Akalis s'assirent et avancèrent la tête pour recevoir des coups. Un ordre fut donné par le commissaire anglais, et les policiers se précipitèrent avec leurs longues tiges de bambou pour accomplir leur sanglante besogne. Ils ont frappé les Sikhs qui n'avaient pas résisté sur la tête, le dos et d'autres parties délicates de leur corps, jusqu'à ce que la centaine entière soit mutilée et battue et gisait là, inconsciente, prostrée et saignante. Pendant que les volontaires recevaient passivement les coups de la police, le commissaire anglais faisait courir sportivement son cheval sur eux et les retournait. Ses assistants tiraient les Sikhs par leurs cheveux sacrés, leur crachaient au visage, les injuriaient et les injuriaient de la manière la plus offensante. Plus tard, leurs corps inconscients ont été emportés par les cheveux longs et jetés dans la boue de chaque côté de la route. Des fossés, ils ont été récupérés par les ambulanciers et transportés à l'hôpital d'urgence sous la direction du Comité central du sanctuaire.

Ainsi, des lots de cent personnes, attachés au principe de non-violence, étaient envoyés chaque jour pour être battus de manière aussi brutale par la police, puis récupérés inconscients par les services d'ambulance. Après le dixième jour, les Akalis furent autorisés à poursuivre librement leur chemin. Mais les passages à tabac de Guru Ka Bagh à l'arrêt où le bois destiné à la cuisine avait été coupé a continué bien plus tard. Après que quelques mille cinq cents êtres humains innocents et non résistants eurent ainsi été sacrifiés, dont plusieurs centaines moururent des suites de blessures reçues et de nombreux autres furent totalement handicapés à vie, le gouvernement retira la police de Guru Ka. Bagh et a permis aux Sikhs d'utiliser librement le temple et ses propriétés adjacentes.

C'était un aveu de défaite de la part du gouvernement britannique et une victoire définitive pour les résistants passifs. La non-violence a triomphé de la force brute. Les doux Sikhs avaient incontestablement établi leur courage moral et spirituel. Ceux qui auparavant s'étaient moqués des doctrines de Gandhi commencèrent maintenant à reconsidérer leurs opinions et se demandèrent s'il n'était pas vrai que la force de l'âme de l'homme était la puissance la plus puissante du monde, plus puissante que la puissance de toutes ses armées et marines réunies. « Socrate et le Christ sont tous deux morts, mais leurs esprits vivent et continueront de vivre. » Leurs corps ont été détruits par ceux qui possédaient la force physique, mais leurs âmes étaient invincibles. Qui pourrait vaincre l'esprit de Socrate, du Christ ou de Gandhi alors que cet esprit refusait d'être conquis ? Au temps du Guru Ka Lors de l'incident de Bagh , Gandhi physique était enfermé derrière des barreaux de fer dans une prison en Inde, mais son esprit accompagnait chaque Sikh alors qu'il franchissait la ligne pour recevoir les coups lâches de l'ennemi.

La partie étonnante de toute cette histoire est la paix parfaite qui a prévalu tout au long de son déroulement. Le programme de résistance passive a été mené à son terme sans la moindre erreur de la part des résistants passifs. Aucune communauté dans toute l'Inde n'est plus guerrière et plus incendiaire pour une juste cause que les Sikhs ; et rien n'est plus provocant pour un Sikh qu'une insulte faite à ses cheveux sacrés. Pourtant, dans des centaines de cas, leurs cheveux sacrés ont été enduits de boue et piétinés, tandis que les corps des Sikhs qui n'ont pas résisté ont été traînés par les cheveux de la manière la plus malveillante par la police ; mais les résistants passifs restèrent fermes dans leur détermination jusqu'au bout et prouvèrent ainsi leur foi en eux-mêmes et en leurs principes.

Ceux qui n'ont pas saisi le sens subtil de la résistance passive traiteront les Sikhs Akali de lâches. Ils diront : « Eh bien, la raison pour laquelle les Akalis n'ont pas répondu aux coups de la police, c'est parce qu'ils avaient peur ; et c'était la lâcheté et non le courage qui les faisait se soumettre à des insultes telles que l'arrachage de leurs cheveux sacrés, etc. Une personne vraiment courageuse, qui a un grain de sel en elle, répondra aux coups de l'ennemi dans ces conditions et combattra pour défendre son honneur jusqu'à ce qu'elle soit tuée. Bien que nous ne soyons pas d'accord avec la première partie de l'argumentation de notre ami objecteur, nous admettrons la véracité de sa déclaration selon laquelle il faut un homme courageux pour défendre son honneur au risque de la mort elle-même. Pourtant, nous estimons que l' Akali qui, tout en défendant ses droits nationaux, s'est volontairement laissé battre à mort sans pensées de méchanceté ni de haine contre qui que ce soit, était une personne plus courageuse que même le héros de notre ami objecteur. Pourquoi? Pour reprendre l'illustration de Gandhi : « Qu'en pensez-vous ? Pourquoi faut-il du courage : pour faire exploser les autres derrière un canon ou pour avoir un visage souriant s'approchant d'un canon et être mis en pièces ? Qui est le vrai guerrier : celui qui garde la mort comme amie intime ou celui qui contrôle la mort des autres ? Croyez-moi, un homme dépourvu de courage et de virilité ne peut jamais être un résistant passif.

Allons un peu plus loin pour que ce soit plus clair. Pendant l'époque de la loi martiale à Amritsar en 1919, le commandant ordonna que toutes les personnes passant dans une certaine ruelle, où auparavant une Anglaise avait été agressée par une foule furieuse, soient obligées de ramper sur le ventre.

Les habitants du quartier avaient subi cette humiliation à la pointe des baïonnettes britanniques. Plus tard, lorsque le Mahatma Gandhi visita la ruelle, il aurait prononcé sur place un discours qui peut être résumé ainsi : « Vous, les Punjabee , qui possédez des corps musclés et avez des statures de six pieds de haut ; vous, qui vous dites courageux, vous êtes soumis à l'ordre rampant dégradant pour l'âme. Je suis un petit homme et mon physique est très faible. Je pèse moins de cent livres. Mais il n'existe aucun pouvoir dans ce monde qui puisse *me faire* ramper sur le ventre. Les soldats du général Dyer peuvent lier mon corps et me mettre en prison, ou avec leurs armes militaires, ils peuvent m'ôter la vie ; mais quand il m'ordonnera de ramper sur le ventre, je dirai : « Ô homme insensé, ne vois-tu pas que Dieu m'a donné deux pieds pour marcher ? Pourquoi devrais-je alors ramper à genoux ? » Il s'agit d'un exemple de résistance passive. Dans ces circonstances, qualifieriez-vous Gandhi de lâche ? Vous devez vous rappeler cette distinction entre un lâche et un résistant passif : un lâche se soumet à la force par la peur ; tandis qu'un résistant passif se soumet à la force *sous couvert de protestation* . Dans notre illustration de l'ordre rampant, les personnes qui s'étaient soumises à l'ordre parce qu'elles avaient peur de la punition qu'implique leur désobéissance étaient des lâches du premier degré. Mais Gandhi serait un résistant passif, et vous ne le traiteriez pas de lâche, n'est-ce pas ?

Laissez-moi vous donner un échantillon de l'héroïsme sublime affiché par les Akalis à Guru Ka. Bagh . Dans un cas, le coup du policier a frappé un Akali avec une telle violence qu'un de ses globes oculaires est sorti. Son œil saignait abondamment, mais il marchait quand même vers son but jusqu'à ce qu'il soit renversé une deuxième fois et tombe au sol, inconscient. Un autre Akali , Pritipal Singh, a été renversé huit fois. Chaque fois, dès qu'il reprenait ses esprits, il se levait et commençait à avancer, jusqu'à ce qu'après la huitième fois il se retrouve à terre complètement prosterné. J'ai connu Pritipal Singh en Inde. Nous sommes allés à l'école ensemble pendant cinq ans. Pritipal était un bon garçon à tous points de vue. Il était la personne la plus forte de notre école et pourtant le plus doux de tous les hommes. Il avait un caractère très joyeux et j'entends encore aujourd'hui son rire sonore et sonore. Inoffensif dans ses habitudes, c'était un ami cultivé et aimant. Lorsque j'ai lu son nom dans les journaux et que j'ai découvert plus tard à quel point il souffrait cruellement des blessures qui ont finalement entraîné sa mort prématurée, j'ai vraiment été attristé. Qu'une personne aussi sainte que Pritipal Singh soit soumise à des tortures aussi infernales et que sa vie soit ainsi cruellement terminée dans la fleur de l'âge était suffisant pour choquer quiconque. Mais quand je me suis persuadé qu'avec le décès de ce beau jeune homme, il y en avait un de plus pour l'amour de la vérité, je me suis senti à nouveau paisible et heureux.

De peur que le lecteur ne sache ce qu'était tout ce drame de tortures horribles d'un côté et de courage surnaturel de l'autre, nous donnerons l'essentiel de toute l'affaire comme suit :

Au moment où la question se précipita dans Guru Ka Bagh, le comité central de gestion du sanctuaire, avait déjà acquis le contrôle de nombreux sanctuaires sikhs riches et était devenu une force puissante dans l'élévation de la communauté. Le comité recevait d'énormes revenus des différentes propriétés du sanctuaire, qu'il se proposait de consacrer à des travaux éducatifs et sociaux. Ceux qui étaient à la tête des affaires avaient des opinions profondément nationalistes. Naturellement, le gouvernement britannique commença à craindre leur pouvoir, qu'il souhaitait briser par la répression. D'où le problème chez Guru Ka Bagh ne consistait pas à couper du bois de chauffage. L'horrible motivation du gouvernement était d'intimider les Sikhs et d'écraser leur moral par l'oppression. Nous avons déjà expliqué comment il a commencé à démontrer sa puissance et à quel point il a honteusement échoué dans son sinistre objectif.

De nombreux autres exemples de victoire de la force de l'âme sur la force brute pourraient être cités dans l'histoire récente de l'Inde. J'ai choisi le Guru Ka L'affaire Bagh comme sujet de mon illustration pour deux raisons. En premier lieu, c'était la démonstration la plus simple et pourtant la plus marquante du caractère sacré et de la puissance de la résistance passive ; et deuxièmement, le drame a été joué dans ma propre ville natale par des acteurs qui appartenaient à ma propre communauté et qui étaient mes amis et parents dans le sens où je pouvais connaître pleinement leurs joies et leurs peines, leurs espoirs et leurs peurs.

NOTE DE BAS DE PAGE:

[33] Hyndman.

Chapitre VII

MASSACRE DE JALLIANWALLA À AMRITSAR

Dans ce chapitre, nous raconterons brièvement l'histoire de ce qui s'est passé au Pendjab pendant les jours troublés de 1919. Ces incidents, communément connus sous le nom de « les torts du Pendjab », ont eu des conséquences considérables dans les relations entre l'Angleterre et l'Inde. ces informations sont très nécessaires pour bien comprendre ce qui s'est passé en Inde depuis. Nous commencerons par le début de la guerre mondiale et suivrons les différents incidents dans l'ordre de leur survenance.

Il est désormais de notoriété publique que le peuple indien a soutenu l'Empire britannique tout au long de la guerre d'une manière très libérale et enthousiaste. "Les contributions de l'Inde à la guerre, tant en termes de main d'œuvre que d'argent, dépassaient de loin les capacités de ses pauvres habitants." Les dirigeants de tous les états d'opinion se sont unis pour aider l'Empire en cas de besoin. Il a déjà été dit que Gandhi avait surmené ses fonctions d'officier de recrutement honoraire jusqu'à ce qu'il contracte la dysenterie, qui à un moment donné menaçait de s'avérer mortelle.

L'Inde a été « saignée à blanc » pour gagner la guerre. Sans son soutien en hommes et en argent, l'Angleterre aurait beaucoup souffert en termes de prestige. Sans les troupes indiennes, l'avancée allemande vers Paris à l'automne 1914 n'aurait peut-être pas été stoppée. La publication officielle, « La contribution de l'Inde à la Grande Guerre », décrit ainsi le travail des troupes indiennes :

« Le Corps indien atteignit la France juste à temps et contribua à endiguer la grande poussée allemande vers Ypres et les ports de la Manche au cours de l'automne 1914. C'étaient les seuls renforts entraînés immédiatement disponibles dans n'importe quelle partie de l'Empire britannique et, à juste titre, ils ont joué leur rôle.

« En Égypte et en Palestine, en Mésopotamie, en Perse, en Afrique de l'Est et de l'Ouest et sur des théâtres subsidiaires, ils ont partagé avec leurs camarades britanniques et du Dominion la victoire finale. » [34]

Alors que l'issue de la guerre semblait encore incertaine, le Parlement britannique, afin d'inciter le peuple indien à redoubler d'efforts pour soutenir l'Empire, fit à l'Inde des promesses précises d'autonomie gouvernementale après la guerre, en guise de récompense pour son soutien à l'Empire. leur fidélité. M. Montague, secrétaire d'État de Sa Majesté pour l'Inde, a fait l'annonce suivante le 20 août 1917 :

« La politique du gouvernement de Sa Majesté, avec laquelle le gouvernement de l'Inde est pleinement d'accord, est celle de l'association croissante des Indiens dans toutes les branches de l'administration et du développement progressif d'institutions autonomes en vue de la réalisation progressive de gouvernement responsable en Inde en tant que partie intégrante de l'Empire britannique. Ils ont décidé que des mesures substantielles dans ce sens devraient être prises dès que possible, (...) »

Le texte de l'annonce ci-dessus a été largement publié dans toute la presse indienne. Vint ensuite le célèbre message du président Woodrow Wilson au Congrès, avec son engagement définitif en faveur de « l'autodétermination » des nations subordonnées. Cela a contribué à raviver encore davantage les espoirs de l'Inde en matière d'autonomie.

Naturellement, après la signature de l'armistice, le peuple indien attendait la réalisation des promesses de guerre. "Mais le gouvernement britannique, anticipant que peu après la fin de la guerre il y aurait une forte clameur dans le pays en faveur de l'autonomie gouvernementale, a remplacé l'autonomie gouvernementale par la loi Rowlatt , conçue pour étouffer l'esprit nationaliste à ses balbutiements." La loi donnait à la police un pouvoir illimité pour interdire les rassemblements publics, ordonner des perquisitions aveugles dans des domiciles privés, procéder à des arrestations sans notification, etc. "Son objectif principal était de renforcer l'autorité de la police et de lui permettre d'extirper du pays toute forme de pensée libérale et indépendante." Les plans de la bureaucratie britannique furent cependant entièrement rejetés, car l'adoption de la loi ne se passa pas aussi facilement que prévu par l'Assemblée législative. Le pays tout entier s'est élevé d'une seule voix contre la loi Rowlatt , mais celle-ci a été adoptée par le gouvernement britannique de l'Inde malgré l' opposition *unanime de tous* les membres indiens élus et nommés par le gouvernement du Conseil législatif.

Cela a été une fois de plus suivi de réunions de masse et de défilés de protestation, de pétitions au Parlement britannique, de délégations auprès du vice-roi et d'une manifestation nationale contre la loi Rowlatt . Mais le gouvernement a complètement ignoré les sentiments du pays dans cette affaire, une attitude qui a contribué à enflammer encore davantage les masses.

Gandhi considérait l'existence de la loi dans les statuts de l'Inde comme une humiliation nationale et, en signe de protestation, il ordonna au peuple indien d'observer le 6 avril 1919 comme un jour de jeûne et de *hartal national* . *Hartal* est le signe d'un profond deuil, pendant lequel toutes les affaires du pays sont arrêtées et les gens errent dans les rues dans le chagrin et les lamentations. On l'observait dans l'Antiquité seulement à la mort des rois populaires ou à l'occasion de quelque autre calamité nationale très grave.

La réponse à l'appel de Gandhi en faveur du *hartal* fut très générale. Il est surprenant de constater avec quelle rapidité le sentiment de conscience nationale s'est répandu dans tout le pays. Du jour au lendemain, le nom de Gandhi était sur toutes les lèvres, et même les compatriotes les plus ignorantes parlaient de la loi Rowlatt . Je me souviens que l'après-midi du 6 avril, alors que je me dirigeais vers le lieu du rassemblement de masse dans ma ville, qui se tenait dans toute l'Inde et au cours duquel des résolutions de protestation contre la loi Rowlatt étaient adoptées, J'ai vu une fillette de six ans presque s'effondrer dans la rue. Après l'avoir récupérée et après qu'elle se soit reposée de la chaleur du soleil, je lui ai demandé qui elle était et où elle allait. La petite fille répondit : « Je suis la fille de *Bharat Mata* (Mère Inde) et je vais aux funérailles de Daulat (Rowlatt). Mahatma Dandhi (Gandhi) m'a appelé.

La journée s'est déroulée assez paisiblement à l'exception de légères perturbations à quelques endroits. Mais l'enthousiasme était très grand dans tout le pays, notamment au Pendjab. La situation était si tendue que Gandhi envoya continuellement à son peuple ses forts avertissements de non-violence. L'activité à Amritsar a commencé lorsque, le matin du 10 avril, le commissaire anglais a invité le Dr Kitchlew et le Dr Satyapal , les deux jeunes dirigeants populaires de la ville, à sa résidence et a ordonné leur expulsion vers un lieu inconnu. Lorsqu'on apprit que leurs dirigeants avaient été traîtreusement destitués, les citoyens se mirent en colère *et* une foule immense commença à se rassembler devant la porte principale de la ville. La foule s'est rapidement organisée en cortège, qui a commencé à se diriger vers la résidence du commissaire de district pour demander la restauration des docteurs Kitchlew et Satyapal . Alors qu'ils traversaient le pont ferroviaire, le cortège a été accueilli par des policiers armés qui ont rapidement fait six victimes parmi la foule pacifique et non armée. La foule fit bientôt demi-tour et tomba sur la ville avec une fureur sauvage. Il s'est divisé en différents groupes et a dépensé sa rage en incendiant l'hôtel de ville, deux banques anglaises et une église chrétienne locale. Deux directeurs de banque, les seuls Anglais présents en ville ce jour-là, furent cruellement assassinés. Une infirmière anglaise qui traversait une rue étroite fut également agressée par la foule, mais fut bientôt secourue par les citoyens et transportée dans un lieu sûr. Plus tard, cette chrétienne bienveillante s'est grandement fait aimer des habitants d'Amritsar en refusant d'accepter toute autre indemnité pour l'agression que le prix de sa montre-bracelet perdue dans la bousculade.

Immédiatement après que la nouvelle d'Amritsar parvint aux autres villes de la province, des explosions similaires de frénésie populaire se produisirent dans de nombreux endroits, avec cette différence cependant qu'en aucun autre endroit qu'Amritsar des résidents anglais ne furent blessés. Il y eut partout des victimes du côté de la foule, mais aucune du côté des Anglais. Le

11 avril, l'autorité du gouvernement civil a été retirée et la loi martiale a été déclarée dans la plupart des régions de la province du Pendjab.

Ainsi commencèrent les troubles qui aboutirent au massacre d'Amritsar. Ce jour fatal, le 13 avril, une réunion de masse avait été annoncée à Jallianwalla. Bagh , une enceinte ouverte au cœur de la ville d'Amritsar. Il se trouve que le 13 avril était également le jour de Baisakhi, célébré dans toute l'Inde comme un jour de fête nationale. C'est pour cette raison que de grandes foules de gens de la campagne s'étaient rassemblées dans la ville. Le 13 au matin, le général Dyer, commandant de la ville, émit depuis le quartier général un ordre interdisant le Jallianwalla Bagh , et des avis à cet effet ont été affichés à plusieurs endroits de la ville. Il convient de mentionner ici que contrairement aux villes américaines, il n'existait à Amritsar à l'époque aucun journal quotidien universellement lu qui pouvait transmettre l'ordre du commandant partout dans le court intervalle entre son émission et l'heure de la réunion. Dans ces circonstances, l'ordre d'interdiction du général Dyer ne pouvait atteindre qu'une petite fraction de la population de la ville.

Venons-en maintenant à la scène de la rencontre. Les gens ont commencé à se rassembler à Jallianwalla Bagh à 15 heures. Il y avait des vieillards, des femmes qui portaient des bébés dans leurs bras et des enfants qui tenaient des jouets à la main. Ils étaient tous vêtus de leurs robes de gala des fêtes. "Alors que quelques-uns étaient venus assister à la réunion en connaissance de cause, la majorité avait simplement suivi la foule et dérivé dans le Bagh par simple curiosité." Quelle qu'ait pu être sa nature autrement, il est certain que la foule à Jallianwalla n'était pas composée de révolutionnaires sanglants. Aucun d'eux ne portait ne serait-ce qu'une canne. Ils s'y étaient rassemblés paisiblement, dans l' enceinte ouverte , pour écouter des discours et peut-être à la fin pour adopter quelques résolutions. A quatre heures, la séance est ouverte et les discours commencent. Pas plus de quarante minutes de ce rassemblement pacifique, et le public écoutait de manière attentive et ordonnée l'orateur qui se tenait sur une plate-forme surélevée au centre, lorsque le général Dyer est entré avec sa bande de trente soldats et a soudainement ouvert le feu sur la foule sans lui donner le moindre avertissement ni la possibilité de se disperser. Il y eut soudain une escarmouche sauvage dans l' enceinte . Les gens ont commencé à courir de tous côtés pour sauver leur vie ; ceux qui tombaient étaient écrasés par les autres et écrasés sous leur poids. D'autres, qui tentaient de s'échapper en sautant par-dessus le muret à l'extrémité est, furent abattus par les tirs de l'escouade du général. Alors que la foule se concentrait près de la seule issue de secours du muret inachevé, le général dirigea ses tirs vers cette direction. Il visa là où la foule était la plus dense et, en quinze minutes pendant lesquelles ses munitions durent, il tua au moins huit cents hommes, femmes et enfants et en blessa plusieurs fois ce nombre.

Il était déjà tard dans l'après-midi lorsque le général Dyer, ses munitions épuisées, partit vers son quartier général sans apporter aucune sorte de secours ni d'assistance médicale aux blessés qui gisaient ensanglantés et impuissants sur les lieux du massacre. Avant que les habitants du quartier ne se remettent de leur consternation , la nuit commençait déjà à tomber. Comme l'une des règles de la loi martiale interdisait strictement de circuler dans les rues d'Amritsar la nuit tombée, il était impossible à toute personne ou groupe de personnes d'apporter des secours organisés aux blessés de Jallianwalla . Les horribles agonies de ceux qui gisaient dans le Bagh, handicapés et abandonnés, ont été entendues avec une sombre patience toute la nuit par la fidèle épouse Rattan Devi, lorsqu'elle était assise là « au milieu de cet horrible carnaval humain », tenant sur ses genoux le cadavre. de son mari bien-aimé. Elle s'était précipitée sur les lieux après la fusillade dans une folle recherche de son mari. Après avoir regardé sous une douzaine de tas de cadavres et trébuché sur de nombreux autres, ses yeux furent attirés par l'endroit où le cadavre de son mari gisait à plat sur le sol. Le mari de Rattan Devi était déjà mort et ne pouvait plus recevoir d'aide humaine. L'épouse dévouée ne parvenait pas à redonner vie au mort, mais comment pouvait-elle se permettre de laisser son corps sans vie dans un quartier austère pendant la nuit ? Elle était trop faible pour le ramener seule à la maison et aucune aide n'était disponible. Elle est donc restée assise toute la nuit, tenant un homme mort sur ses genoux.

Les horreurs de cette nuit de souffrance ont été relatées par Rattan Devi dans son témoignage devant la sous-commission du Congrès national indien, dans lequel elle a décrit « l'agonie effrayante des êtres humains mourants, qui n'arrêtaient pas de pleurer pour boire de l'eau toute la nuit ». Aucune aide amicale n'est venue à ces âmes qui partaient dans leurs dernières heures de profonde détresse. Craignant la vengeance meurtrière du général Dyer, leurs compatriotes étaient restés à l'écart, tandis que les chiens des rues voisines erraient librement à l'intérieur du Bagh pour se régaler des corps humains ensanglantés.

Lors de la session suivante du Congrès national indien qui se tint à Amritsar, je vis moi-même à son exposition vingt paires de petites chaussures appartenant à des bébés de quelques mois à un an. Ceux-ci avaient été récupérés à Jallianwalla Bagh par diverses personnes après la fusillade, et ils appartenaient à vingt bébés innocents posés sur les genoux de leur mère et qui avaient été complètement anéantis dans la folle bousculade qui avait accompagné la fusillade. De ces enfants, il ne restait que ces petites chaussures. Que Dieu bénisse les âmes des chers petits et de bien d'autres qui ont été victimes de l'humeur sanglante du général hautain le 13 avril 1919 à Jallianwalla. Bagh .

Plus tard, lorsque le général Dyer fut contre-interrogé devant le comité de Lord Hunter, nommé par le Parlement britannique pour faire rapport sur les troubles du Pendjab, il témoigna de ce qui suit :

1. Qu'il n'y a eu aucune provocation de la part de la population d'Amritsar pour le Jallianwalla Massacre de Bagh soit le jour de la fusillade, soit immédiatement avant. Il avait la situation bien en main et l'atmosphère était plutôt calme et paisible.

2. Que son ordre interdisant la réunion a été émis le matin précédant la réunion et n'a atteint qu'une fraction de la population d'Amritsar ce jour de fête du 13.

3. Lorsqu'il est arrivé sur les lieux de la réunion avec son équipe, il a trouvé les gens écoutant l'orateur de manière calme et aucune manifestation de résistance ne lui a été offerte. En revanche, en le voyant entrer dans les locaux, le public s'est mis à courir dans tous les sens.

4. Qu'il a ouvert le feu sur l'assemblée sans donner aux gens aucun avertissement ni possibilité de se disperser, et qu'il a continué à tirer tant que ses munitions duraient, en dirigeant toujours ses tirs vers les endroits où la foule était la plus épaisse.

5. Qu'il avait apporté avec lui une mitrailleuse qu'il a dû laisser dehors parce que la voie était trop étroite pour qu'elle puisse y entrer. Et il a admis que les pertes auraient été bien plus importantes s'il avait pu utiliser la mitrailleuse.

6. Que le massacre de Jallianwalla avait pour but de donner une leçon aux gens et qu'il n'a pas arrêté de tirer après que la foule ait commencé à se disperser parce qu'il avait peur qu'ils se moquent de lui. Le général voulait montrer au peuple la puissance de la domination britannique.

7. Qu'il n'a pas pensé ni pris soin de porter secours aux blessés à Jallianwalla . Cela ne faisait pas partie de ses affaires.

Ci-dessous est reproduite une partie du témoignage du général Dyer devant le comité de Lord Hunter :

« Q. Quand vous êtes entré dans le Bagh , qu'avez-vous fait ? R. J'ai ouvert le feu.

Q. Tout de suite ? R. Immédiatement. J'avais réfléchi à la question et je n'imagine pas qu'il m'ait fallu plus de trente secondes pour me décider quant à ce qu'était mon devoir.

Q. Combien de personnes y avait-il dans la foule ? R. Je les ai alors estimés à peu près à 5 000. J'ai entendu par la suite qu'il y en avait bien d'autres.

Q. En supposant qu'il existait un risque que des personnes dans la foule ne soient pas au courant de la proclamation, ne vous est-il pas venu à l'esprit que c'était une mesure appropriée de demander à la foule de se disperser avant de prendre la décision de tirer réellement ? ? R. Non, à l'époque, je ne l'ai pas fait. J'avais simplement le sentiment que mes ordres n'avaient pas été obéis, que la loi martiale était bafouée et qu'il était de mon devoir de me disperser immédiatement à coups de fusil.

Q. Lorsque vous avez quitté Rambagh [son quartier général], avez-vous pensé que vous deviez peut-être tirer ? R. Oui, j'avais réfléchi à la nature de la tâche à laquelle je pourrais avoir à faire face.

Q. La foule a-t-elle immédiatement commencé à se disperser dès que vous avez tiré ? R. Immédiatement.

Q. Avez-vous continué à tirer ? R. Oui.

Q. Quelle raison aviez-vous de supposer que si vous aviez ordonné à l'assemblée de quitter Bagh , elle ne l'aurait pas fait sans qu'il soit nécessaire que vous tiriez et que vous continuiez à tirer pendant un certain temps ? R. Oui, je pense qu'il est tout à fait possible que j'aurais pu les disperser, peut-être même sans tirer.

Q. Pourquoi n'avez-vous pas eu recours à cela ? R. Ils seraient tous revenus et se seraient moqués de moi, et j'aurais dû me ridiculiser.

Q. Et en comptant les munitions, on a constaté que 1 650 cartouches avaient été tirées ? R. Tout à fait vrai.

Q. En supposant que le passage était suffisant pour permettre aux blindés d'entrer, auriez-vous ouvert le feu avec les mitrailleuses ? R. Je pense que oui, probablement.

Q. Dans ce cas, les pertes auraient été beaucoup plus élevées ? R. Oui.

Q. Je suppose que votre idée en agissant ainsi était de semer la terreur ? R. Appelez-le comme vous voulez. J'allais les punir. Mon idée, du point de vue militaire, était de faire grande impression.»

Au cours de son histoire, l'humanité a été témoin de nombreux massacres sanglants et impitoyables, mais dans chaque cas, avant qu'un massacre ne se produise, il y a eu une provocation, quelle qu'elle soit. Jallianwalla Bagh est unique à cet égard : il s'agit d'un massacre de sang-froid, non provoqué, prémédité et pré-arrangé, d'au moins huit cents hommes, femmes et enfants innocents, rassemblés dans une réunion pacifique le jour de leur fête nationale. sans aucune pensée du mal dans leur esprit ni aucun désir d'offrir une résistance de quelque sorte que ce soit à qui que ce soit.

La partie la plus intéressante de l'histoire est que ce qui s'est passé à Jallianwalla Bagh , le 13 avril, était considéré comme une affaire si insignifiante et sans importance qu'il fallut quatre mois pour que la nouvelle parvienne officiellement à Londres. Après que le rapport du comité de Lord Hunter eut été publié et que tous les horribles détails du massacre furent entièrement révélés, le général Dyer fut retiré du service militaire avec une pension complète. Mais à son retour en Angleterre, il reçut une bourse de dix mille livres sterling, dont le montant avait été collecté grâce à une souscription volontaire du peuple anglais pour récompenser le général de son travail héroïque à Jallianwalla. Bagh . Telle fut la réaction de la nation anglaise face au massacre.

L'interprétation que Gandhi donne de « l'héroïsme » du général Dyer est cependant différente. Il écrit:

« Il [le général Dyer] a qualifié une foule non armée d'hommes et d'enfants – pour la plupart des vacanciers – d'« armée rebelle ». Il se considère comme le sauveur du Pendjab dans la mesure où il a pu abattre comme des lapins les hommes parqués dans un enclos. Un tel homme est indigne d'être considéré comme un soldat. Il n'y avait aucune bravoure dans son action. Il ne courait aucun risque. Il a tiré sans la moindre opposition et sans sommation. Il ne s'agit pas d'une « erreur de jugement ». C'est une paralysie face à un danger imaginaire. C'est une preuve d'incapacité criminelle et de manque de cœur.

Le lecteur sera désormais en mesure de comprendre le sens de la lettre du Mahatma Gandhi au vice-roi des Indes, datée du 1er août 1920 et citée à la page 114, dans laquelle Gandhi expose les raisons de sa décision de ne pas coopérer avec le gouvernement britannique de Inde. On peut se rappeler que l'une des raisons invoquées par le Mahatma Gandhi était le « mépris total des sentiments des Indiens » trahi par la Chambre des Lords. Il faut rappeler ici également que le massacre de Jallianwalla a eu lieu le 13 avril 1919 et que c'est exactement un an et trois mois plus tard que le Mahatma Gandhi a pris la décision de boycotter le gouvernement britannique. Durant cet intervalle, il avait constamment espéré un changement dans l'attitude britannique.

Le massacre de Jallianwalla n'était qu'une partie de la terrible histoire du Pendjab. Ce qui s'est produit à Amritsar et dans d'autres villes de la province pendant les jours militaires de 1919 était encore plus honteux et indigne, « en raison de l'outrage à la dignité humaine que cela impliquait ». L'émission d'ordres rampants et le lancement de bombes depuis des avions au-dessus de villes paisibles constituaient en partie les actes de l'armée et de la police pendant les jours malheureux de la loi martiale. Et ce n'était pas tout. Mme Sarojini Naidu, la première femme présidente de l'Inde, a déclaré lors d'un discours sur les « torts du Pendjab » devant un large public londonien (Kingsway Hall, 3 juin 1919) :

« Mes sœurs ont été fouettées, elles ont été déshabillées ; ils étaient indignés.

L'ingéniosité des fonctionnaires anglais pendant la période de la loi martiale pour inventer des châtiments fantaisistes s'est manifestée de manière frappante dans la ville de Kasur où, selon les conclusions de la sous-commission du Congrès,

"1. Les écoliers et les hommes étaient fouettés, « sans objet particulier », et il n'était pas question d'infraction à la loi martiale . Les prostituées ont été invitées à assister à la cérémonie.

2. Les gens étaient obligés de marquer le pas et de grimper sur des échelles.

3. Les mendiants religieux étaient lavés à la chaux.

4. Ceux qui ne parvenaient pas à saluer les Européens devaient frotter leurs roses sur le sol.

6. Des potences publiques ont été érigées, qui ont ensuite été abandonnées. Au total, dix-huit personnes ont été pendues au Pendjab sous le régime de la loi martiale, dont beaucoup étaient totalement innocentes.»

Nous donnerons ci-dessous le témoignage de Gurdevi , la veuve de Mangal Jat , devant la sous-commission du Congrès sur ce qui s'est passé à Manianwalla :

« Un jour, pendant la période de la loi martiale, M. Bosworth Smith a rassemblé tous les hommes de plus de huit ans au bungalow Dacca Dalia, situé à quelques kilomètres de notre village, dans le cadre des enquêtes en cours. Pendant que les hommes étaient au Bungalow, il se rendit à cheval jusqu'à notre village, emmenant avec lui toutes les femmes qui le rencontraient en chemin, portant de la nourriture pour leurs hommes au Bungalow. Arrivé au village, il parcourut les ruelles et ordonna à toutes les femmes de sortir de leurs maisons, les forçant lui-même à sortir avec des bâtons. Il nous a tous fait nous tenir près du village Daira . Les femmes joignirent les mains devant lui. Il en a frappé certains avec son bâton, leur a craché dessus et a utilisé le langage le plus grossier et le plus inavouable. Il m'a frappé deux fois et m'a craché au visage....

« Il nous traitait à plusieurs reprises d'ânes, de chiennes, de mouches et de porcs et nous disait : « Vous étiez dans les mêmes lits que vos maris ; pourquoi ne les avez-vous pas empêchés de sortir pour faire du mal ? Maintenant, vos jupes seront examinées par les agents de police. Il m'a donné aussi un coup de pied et nous a ordonné de subir la torture de nous tenir les oreilles en passant nos bras autour des jambes, tout en étant pliés en deux.

"Ce traitement nous a été infligé en l'absence de nos hommes qui se trouvaient au Bungalow."

Lâcheté, ton nom est Bosworth Smith ! La dégradation morale chez un être humain ne pourrait pas aller plus bas que cela. Parcourez toute l'histoire de l'humanité et vous ne trouverez pas d'égal à cet acte dans sa férocité et sa barbarie. Comme c'est curieux ! Le monde continue de croire que la mission de l'Angleterre en Inde est de civiliser un peuple arriéré.

Le massacre de Jallianwalla et d'autres « torts du Pendjab » ont donné une grande impulsion au mouvement nationaliste en Inde. Ce que le Congrès national indien n'avait pas réussi à accomplir au cours de son travail constant de trente-deux ans, les persécutions et les humiliations du Pendjab l'ont fait en quelques mois. Cela a contribué à éveiller dans l'esprit du peuple indien une puissante conscience nationale. On a dit avec raison que le sang des martyrs de Jallianwalla Bagh a fait saigner le cœur de toute l'Inde.

Ceux qui posent la question : « Pourquoi l'Inde se révolte-t-elle ? peut trouver une partie de leur réponse dans le mot « Jallianwalla Bagh . »

NOTE DE BAS DE PAGE:

[34] Page 221. Cité de *Unhappy India de* Lajpat Rai .

Chapitre VIII

POURQUOI L'INDE EST-ELLE PAUVRE ?

Il y a seulement deux cents ans, l'Inde était le pays le plus riche du monde. Aujourd'hui, c'est le plus pauvre. Les magnifiques palais de ses rois, avec leurs énormes trésors, étaient des objets d'admiration et d'émerveillement pour les autres nations du monde. Ses industries florissantes et son commerce très lucratif excitaient partout l'avidité et l'envie des classes marchandes. Ses navires marchands chargés de cargaisons d'épices précieuses, d'articles en soie et en coton et de bijoux précieux naviguaient dans les ports d'Angleterre et d'autres pays d'Europe. La façon dont les nations maritimes du monde se disputaient le commerce des Indes orientales et se disputaient des concessions dans l'empire des puissants Moghols est une question de notoriété publique pour tous les étudiants en histoire. C'est la renommée de l'Inde qui a excité l'imagination de Colomb lorsqu'il entreprit son voyage historique vers l'ouest ; ce n'est que par hasard qu'il découvre l'Amérique. Il avait entrepris son voyage à la recherche d'une nouvelle route vers les fabuleuses richesses de l'Inde, de sorte que l'Amérique doit bien sa découverte à la renommée de cette ancienne terre. Prenez n'importe quel ouvrage de référence sur l'histoire médiévale ou la littérature classique et vous découvrirez que les richesses de l'Inde et la splendeur des cours de ses rois étaient devenues proverbiales parmi les nations d'Europe.

Cette renommée de richesse des Indes orientales qui avait inspiré la carrière de nombreux explorateurs, commandants militaires et génies financiers européens avait totalement disparu bien avant la fin du XIXe siècle ; avec la disparition des rois indiens, la splendeur de leurs cours avait également disparu ; avec l'extinction des industries textiles indiennes, son commerce florissant avait cessé ; et simultanément avec la perte de son artisanat et de son indépendance, le prestige et la prospérité de la nation avaient pris fin. Dès l'an 1900 après JC, l'Inde commençait à être considérée par les historiens comme le pays le plus pauvre du monde. Son revenu quotidien par habitant était fixé à trois quarts de penny (équivalent à un centime et neuf seizième), et on estimait qu'à l'aube du XXe siècle il y avait parmi les habitants de l'Inde cent soixante millions de personnes qui ne connaissaient pas Je sais ce que c'était que de prendre un repas par jour. Le pourcentage d'alphabétisation, qui comprenait la connaissance de la lecture, de l'écriture et du calcul, était passé de trente-trois pour cent en 1757 à moins de quatre pour cent en 1900.

Quelle est la cause de ce changement étonnant dans la condition d'un peuple ancien comme les Indiens de l'Est ? Comment se fait-il que la même période qui a vu une augmentation soudaine de la prospérité de la plupart des autres nations du monde ait connu dans la nation hindoue une chute égale, voire plus soudaine ? Quelle a été la cause de la ruine des célèbres industries de la soie et du coton de l'Inde et de la perte de son indépendance politique et économique ? Comment l'Inde est-elle passée du rang le plus élevé au rang le plus bas, de la position la plus fière à la plus humble ?

Les auteurs ont proposé différentes explications sur cet état de choses en Inde, dont plusieurs sont si faibles qu'elles ne résisteraient pas à un examen même superficiel. La chute du pays a été diversement attribuée au caractère bas et immoral de sa population et à l'égoïsme et à la lâcheté de ses dirigeants, à une forte augmentation de sa population, à l'inertie et à l'extravagance de sa classe agricole, au système rigoureux des castes. , et à la haine et à l'animosité qui séparent les différentes classes de son peuple. Certains de ces maux ont été, dans une certaine mesure, responsables de la chute politique de l'Inde, mais la raison de la ruine économique de l'Inde doit être recherchée ailleurs. Je maintiens que l'assujettissement politique du pays par l'Angleterre et la poursuite par cette dernière d'une politique fiscale dictée exclusivement par les intérêts des industries britanniques aux dépens des revendications indigènes, constituent la base de la pauvreté de l'Inde et des « maux » qui en résultent. et des malheurs.

Nous examinerons d'abord, dans l'ordre, les diverses raisons de la pauvreté du pays qui ont été avancées par d'autres et que je crois insatisfaisantes. Plus tard, j'essaierai de prouver la véracité de ma thèse, selon laquelle la cupidité des seigneurs financiers et industriels anglais a été la cause directe de la ruine de l'Inde.

Dans les pages précédentes, on a beaucoup parlé du caractère moral du peuple indien. Ceux qui ont vécu parmi eux et ont étudié de première main leurs habitudes et leurs idéaux savent quels sommets de pureté morale et spirituelle les habitants de cette ancienne terre ont atteint autrefois. Même dans sa condition actuelle, après des générations de sujétion politique et de pauvreté économique, qui ont toutes deux tendance à dégrader le caractère d'un peuple, on peut affirmer avec certitude que le peuple indien, lorsqu'on le mesure à l'aune de normes morales, éthiques ou culturelles, , égalera, voire surpassera, n'importe quel autre peuple dans le monde entier. Afin de juger de l'état moral de cette race à l'époque où sa prospérité commençait à disparaître, nous laisserons parler ceux qui les ont connu de première main.

Warren Hastings, dont le nom a été immortalisé grâce à sa destitution par Edmund Burke, avait passé la meilleure partie de sa vie en Inde. Débutant sa carrière en tant qu'assistant peu rémunéré de la Compagnie des Indes orientales, il avait accédé au poste de gouverneur général de l'Inde. Personne ne connaissait mieux les habitants de ce pays que Warren Hastings, car parmi tous les étrangers, il avait la meilleure occasion d'entrer en contact étroit avec eux. Pourtant, il n'était pas un ami inconditionnel de l'Inde, comme cela a été pleinement révélé lors de sa mise en accusation par la Chambre des communes en Angleterre. Vingt-huit ans après sa retraite de l'Inde, Warren Hastings a donné le témoignage suivant devant le Parlement britannique :

« J'affirme par le serment que j'ai prêté que cette description [que le peuple indien était dans un état de turpitude morale] est fausse et totalement infondée... Ils sont doux, bienveillants, plus susceptibles de gratitude pour la gentillesse manifestée. ils sont plus que poussés à se venger des torts infligés, et aussi exempts des pires propriétés de la passion humaine que n'importe quel peuple sur la face de la terre. [35]

Il a été affirmé que la surpopulation est la principale cause du retard de l'Inde. Mais l'Inde est-elle vraiment surpeuplée ? Sa population a-t-elle considérablement augmenté au cours des deux cents dernières années ? Lorsqu'on compare les rapports de recensement des différents pays d'Europe, on constate que plusieurs d'entre eux, y compris l'Angleterre, sont plus densément peuplés que l'Inde. Si nous comparons l'Angleterre et l'Inde, nous constaterons que l'augmentation de la population de cette dernière n'a pas été plus grande que celle de la première depuis leur liaison politique. En fait, depuis le début du XXe siècle, la population de l'Inde a diminué, tandis que celle de l'Angleterre et de plusieurs autres pays d'Europe a augmenté.

Que la classe agricole de l'Inde soit une race de fermiers économes, travailleurs, sobres et expérimentés, qui connaissent parfaitement l'art de labourer la terre, a été attesté par de nombreux étrangers, qui ont eu l'occasion d'étudier leurs habitudes de près. La qualité de leur connaissance du métier d'agriculteur ainsi que l'étendue de leur initiative et de leur persévérance peuvent être jugées à partir des réalisations des agriculteurs hindous de Californie. Il s'agissait d'une classe d'agriculteurs qui avaient eu du mal à gagner décemment leur vie au « pays aux cinq rivières », le Pendjab. Le Pendjab est célèbre pour son sol fertile et possède un système d'irrigation considéré comme le meilleur au monde. Pourtant, sa population agricole est dans un état de semi-famine en raison d'une fiscalité très lourde et d'autres caractéristiques peu progressistes de l'administration du pays. Dès l'instant où ces agriculteurs du Pendjab se sont installés dans l'environnement favorable de la Californie, ils ont connu un succès agricole reconnu aussi bien par leurs amis que par leurs ennemis. À l'heure actuelle, les lois anti-asiatiques de Californie interdisent aux hindous de cultiver, mais il est de notoriété publique que la main-d'œuvre agricole hindoue reçoit dans la plupart des régions des salaires plus élevés que la main-d'œuvre américaine, parce que les hindous sont « stables », « travailleurs ». », « informé » et « fiable ».

L'ignorance et la paresse ne maintiennent pas le fermier hindou dans une condition pire que celle de sa propre classe sociale dans d'autres pays ; la petite superficie de ses propriétés, la fiscalité excessive et le manque de capitaux le tirent continuellement en arrière. Quatre-vingts pour cent de la population indienne dépend de l'agriculture pour seul soutien. Ils vivent sur le sol et près du sol. Autrefois, l'Inde abritait également des industries artisanales florissantes, qui contribuaient à augmenter les revenus de son énorme population rurale. L'invasion des manufactures anglaises, provoquée par la politique fiscale égoïste des Anglais envers l'Inde, a complètement déraciné les industries textiles des villages indiens, un changement qui à son tour a poussé la population entière à vivre à la terre, entraînant ainsi la ruine totale de l'Inde. leur prospérité économique.

Le manque de vigueur morale de la population, la surpopulation, l'ignorance ou la paresse de la classe agricole ne sont donc pas les véritables causes de la pauvreté en Inde. L'économiste qui souhaite déterminer la cause de la pauvreté d'un pays quelconque devra se poser les mêmes questions que l'historien hindou RC Dutt se posait à propos de l'Inde il y a un quart de siècle. « L'agriculture est-elle florissante ? Les finances sont-elles correctement administrées, de manière à rapporter au peuple un rendement adéquat pour les impôts qu'il a payés ? Les sources de la richesse nationale sont-elles élargies par un gouvernement soucieux du bien-être du peuple ?

S'il est vrai qu'à mesure que la puissance anglaise progressait en Inde, la prospérité économique du pays commençait à décliner, autant s'interroger sur la nature de la domination britannique en Inde. Nous limiterons notre enquête aux réponses aux deux questions suivantes : « Pourquoi l'Angleterre a acquis l'Inde ? et "Pourquoi l'Angleterre détient l'Inde?" C'est un fait que l'Angleterre est entrée en contact pour la première fois avec l'Inde par l'intermédiaire d'une société commerciale dont le but, en établissant ses stations commerciales dans le pays de l'Est, était de réaliser un profit. On affirme que les dirigeants britanniques de l'Inde ont été guidés dans leur travail de gouvernance du pays par des motivations altruistes et humanitaires de grande qualité. Dans quelle mesure cette affirmation de la nation anglaise est fondée sur des faits, nous examinerons maintenant. En tout cas, les principes humanitaires qui ont pu inspirer la domination anglaise en Inde étaient d'origine beaucoup plus tardive. La principale raison pour laquelle l'Angleterre a établi ses liens avec sa dépendance orientale était une pure cupidité commerciale. À l'époque où la Compagnie des Indes orientales fut organisée en Angleterre, les peuples d'Europe n'avaient pas été formés à l'utilisation de termes tels que « altruisme » et « civilisation des peuples arriérés ». Ces épithètes ronflantes sont des produits d'époques bien plus récentes. L'esprit des directeurs de la Compagnie des Indes orientales était dominé par l'idée de gros dividendes et de gros profits.

Les faits simples sont que les Britanniques se sont rendus en Inde en tant que commerçants afin de tirer profit de l'Inde. Ils trouvèrent les habitants de ce pays vaste et prospère divisés entre eux et, flairant l'occasion favorable, ils entreprirent astucieusement de capitaliser la faiblesse des indigènes pour leur propre profit. Pourtant, selon les normes de l'époque, rien dans leur comportement n'était inhabituel ou erroné. Le monde n'a jamais été gouverné par l'altruisme. La Compagnie des Indes orientales opposa les uns aux autres les princes et les peuples avides, mais innocents et confiants de l'Inde, et, utilisant les indigènes comme outils, elle devint maître du pays. Depuis lors, ils les ont tenus sous le fouet comme biens meubles et esclaves, « coupeurs de bois et puiseurs d'eau » pour la Mère Angleterre. « Diviser pour régner » a été leur devise constante. « Enseigner et libérer » ne leur a jamais traversé l'esprit. De telles expressions ont été inventées par des politiciens avisés simplement pour amuser et satisfaire une classe de personnes idéalistes en Angleterre et à l'étranger qui sont des victimes innocentes de mensonges astucieusement racontés. De tels slogans n'ont jamais été conçus comme des règles de politique d'État. Étudiez attentivement le résultat tragique de ce long et laborieux processus de « libération » d'un peuple traditionnellement cultivé et civilisé, et vous serez convaincu de la vérité. En revanche, ils ont utilisé sans pitié la devise « Diviser pour régner » pour émasculer une nation composée de personnes sans défense, dont ils ont fait les victimes innocentes de leur convoitise et de leur cupidité. Pour plus de détails sur cette première exploitation et cette « marche sous les pieds » du peuple indien, lisez la mise en accusation de Warren Hastings par Edmund Burke. Ainsi conclut-il sa condamnation immortelle des barbaries de son propre peuple sur le sol de l'Inde :

«J'accuse Warren Hastings de crimes et délits graves. Je le mets en accusation au nom de la Chambre des Communes du Parlement, dont il a trahi la confiance. Je le mets en accusation au nom de la nation anglaise, dont il a souillé l'ancien honneur. Je le mets en accusation au nom du peuple indien, dont il a foulé aux pieds les droits et dont il a transformé le pays en désert. Enfin, au nom de tous les rangs, j'accuse l'ennemi commun et l'oppresseur de tous !

M. Wm. Digby, un autre Anglais, qui a vécu en Inde pendant plus de vingt ans en tant que membre de la fonction publique indienne, donne de précieuses données historiques et économiques sur le sujet de l'impérialisme anglais en Inde, dans son livre ironiquement intitulé *Prosperous British India* . Le livre est un ouvrage scientifique sur l'histoire et l'économie et mérite la lecture de tous les étudiants réfléchis. M. Digby montre que

1. Depuis le début de la domination anglaise dans le pays, le revenu par habitant de la population indienne a progressivement diminué. Le revenu quotidien par habitant était

en 1850   2   pence

en 1880   1½ pence

en 1900   ¾   pence.

2. Qu'en 1900, proportionnellement à son revenu, le sujet indien de la Couronne britannique était imposé plus de quatre fois plus que son compatriote écossais et trois fois plus élevé que son homologue anglais. Il cite les chiffres suivants du *Statesman's Yearbook*, 1900-1 :

Proportion de l'impôt sur le revenu

en Écosse de 1880, avec une moyenne de 45 £ par habitant, un dix-septième

Inde (en dehors de 1 000 000 de personnes aisées) avec 12s. par habitant en moyenne, près d'un quart.

3. En 1900, trente-quatre jours et un cinquième du revenu de chaque habitant de l'Inde étaient transportés en Angleterre sous forme de charges domestiques. « Un conquérant a-t-il déjà exigé un tribut aussi écrasant à une époque quelconque de l'histoire ?

4. Depuis que les Britanniques sont présents dans le pays, les famines sont plus fréquentes, plus répandues et plus meurtrières. « Dans le premier quart du XIXe siècle, on n'a signalé que quatre famines dans le pays, toutes locales. Dans le dernier quart du même siècle, il y eut vingt-deux famines qui furent générales et répandues dans tout le pays. »

Une grande nation a été tenue en esclavage, pillée et mise en déroute, et pourtant le monde n'a jamais entendu parler d'une injustice britannique en Inde. Mais demandons-nous, comment cette grande injustice a-t-elle été perpétrée, cette immense exploitation a-t-elle pu se poursuivre ? Cette question est éminemment sensée et pertinente, et mérite une réponse honnête.

Le peuple anglais était trop intelligent pour ne pas profiter de l'expérience des anciens conquérants et dirigeants des races étrangères. En conséquence, ils n'ont évidemment pas tenu l'Inde au sol, mais ils l'ont maintenue au sol. Premièrement, ils désarmèrent totalement les indigènes. Cette procédure a empêché la rébellion armée et le monde a été épargné par la nouvelle des répressions qui en ont résulté. En d'autres termes, les Anglais n'ont pas tué le peuple indien ; ils ont tué leur esprit. Ils les ont dépouillés de leurs terres et de leurs repas quotidiens, et les ont rendus soumis et faibles. Le romancier anglais Thackeray a décrit ainsi les premières étapes de la domination anglaise en Inde :

« Il est très juste qu'en Angleterre, une grande partie des produits de la terre soit affectée à l'entretien de certaines familles riches, à la production de sénateurs, de sages et de héros pour le service et la défense de l'État, ou, dans le cas contraire. en d'autres termes, cette grande partie de la rente devrait revenir à une noblesse et une noblesse opulentes, qui doivent servir leur pays au Parlement, dans l'armée et la marine, dans les départements des sciences et des professions libérales. Les loisirs, l'indépendance et les idées élevées que procure la jouissance de cette rente leur ont permis d'élever la Grande-Bretagne au sommet de la gloire. Ils pourront en jouir longtemps ; mais dans l'Inde, cet esprit hautain, cette indépendance et cette pensée profonde que donne parfois la possession de grandes richesses devraient être supprimés. Ils sont directement contraires à notre pouvoir et à nos intérêts. La nature des choses, l'expérience passée de tous les gouvernements, rendent inutile de s'étendre sur ce sujet. Nous ne voulons pas de généraux, d'hommes d'État et de législateurs ; nous voulons des cultivateurs travailleurs....

« Considérée politiquement, la répartition générale des terres entre un certain nombre de petits propriétaires, qui ne peuvent pas facilement s'unir contre le gouvernement, est donc un objet d'importance. »

Cette politique fut suivie en Inde avec une détermination sans faille et un succès fatal.

C'est un fait malheureux de l'histoire enregistrée qu'aucune personne bien informée ne peut ignorer : sous la domination britannique, les sources de richesse nationale en Inde ont été réduites de nombreuses manières. Au XVIIIe siècle, l'Inde était à la fois un grand pays manufacturier et un grand pays agricole. De nombreux écrivains anglais et indiens ont expliqué comment sa grandeur a totalement disparu et s'est retrouvée comme un pays agricole très pauvre. Le déclin des industries indiennes a été attribué à la poursuite d'une politique d'avidité commerciale de la part des fabricants britanniques. L'historien anglais HH Wilson remarque :

"Le constructeur britannique a utilisé le bras de l'injustice politique pour maîtriser et finalement étrangler un concurrent avec lequel il n'aurait pas pu lutter sur un pied d'égalité." [36]

Nous ne mettrons pas à rude épreuve la patience de nos lecteurs avec des détails irritants sur la manière dont cette branche du pouvoir politique a été effectivement utilisée. Mais à titre d'exemple, nous rapporterons quelques-uns des incidents qui contribuèrent à développer l'industrie du coton en Angleterre aux dépens de l'Inde. C'était l'époque des industries domestiques et artisanales, où des individus ou de petits groupes de tisserands manuels étaient propriétaires de leurs établissements et exploitaient leur entreprise selon un plan coopératif . Les marchands anglais se rendirent compte qu'ils ne pouvaient pas rivaliser avec les tisserands indiens hautement qualifiés et efficaces ; ils ont donc décidé de les éliminer complètement. C'est ce qu'ils ont fait. Les agents de la Compagnie des Indes se rendirent au village avec le magistrat du comté (lui-même employé de la Compagnie, car la Compagnie était alors le Gouvernement), et convoquèrent tous les tisserands du village. L'agent offrait des prêts et des avances aux tisserands qui travailleraient pour la société. Lorsque les tisserands refusèrent d'accepter leurs offres, les agents de la Société attachèrent de force l'argent dans les serviettes des tisserands, en signe de leur acceptation. Les agents ont ensuite reconduit les travailleurs chez eux jusqu'à ce que l'entreprise demande leurs services. Ils furent donc contraints d'abandonner leurs propres métiers à tisser et de travailler dans les usines de la Compagnie. Là, ils recevaient des salaires si bas que beaucoup d'entre eux ont fui leurs maisons, et des centaines et des milliers d'autres se sont coupés les pouces et les index pour se mettre à l'abri de ce travail forcé.

Par de tels moyens et d'autres tout aussi injustes, « la classe prospère des tisserands indiens est devenue sans métier et sans abri, et beaucoup ont été poussés dans la jungle pour mourir de faim et mourir. » Dans le même temps, l'Angleterre achevait de ruiner le commerce de l'Inde en imposant un droit d'accise de 65 à 75 % sur les produits indiens importés en Angleterre et en admettant en franchise de droits les produits fabriqués en Angleterre dans l'Inde britannique. Ces déclarations ne sont pas exagérées. Cette procédure a effectivement eu lieu et les données recueillies par les Anglais eux-mêmes sont disponibles gratuitement. Mais faut-il douter de ce récit alors que de telles choses, voire pires, se produisent partout de nos jours ?

Toutes les hautes fonctions de contrôle gouvernemental, civil et militaire, furent confiées à des Anglais, et des Indiens furent employés comme domestiques et commis. Pour être explicite : au cours des cent vingt-cinq premières années de domination britannique en Inde, pas un seul Indien n'a siégé aux conseils exécutifs provinciaux ou nationaux du pays. Jusqu'après la guerre mondiale, aucun Indien n'occupait le poste de lieutenant-colonel dans l'armée britannique de l'Inde. Si durant cette période l'Inde n'a pas été gouvernée pour le bien des Indiens, ce n'est pas étonnant. Combien les paroles de John Stuart Mill sont pleines de sens :

« Le gouvernement d'un peuple a en soi un sens et une réalité ; mais le gouvernement d'un peuple par un autre n'existe pas et ne peut pas exister. Un peuple peut en garder un autre pour son propre usage, un lieu où gagner de l'argent, une ferme de bétail humain à exploiter pour les profits de ses propres habitants.

« C'est une condition inhérente aux affaires humaines qu'aucune intention, aussi sincère soit-elle, de protéger les intérêts d'autrui, ne puisse rendre sûr ou salutaire le fait de se lier les mains. Ce n'est que par leurs propres mains qu'une amélioration positive et durable de leur situation de vie pourra être réalisée. [37]

M. Wm. Digby remarque à ce sujet :

« Ainsi, la prospérité illimitée de l'Angleterre doit son origine à ses liens avec l'Inde, alors qu'elle a été, en grande partie, entretenue – de manière déguisée – à partir de la même source, depuis le milieu du XVIIIe siècle jusqu'à nos jours. « Il est possible que, depuis la création du monde, aucun investissement n'ait jamais rapporté les bénéfices tirés du pillage indien » (Brooks Adams).

« Quelle était l'étendue de la richesse ainsi arrachée aux Indes orientales ? Personne n'a été en mesure de faire un calcul adéquat, tout comme personne n'a été en mesure de faire un décompte exact des trésors exportés de l'Inde. Des estimations ont été faites qui varient de cinq cents millions de livres sterling à près d'un milliard de livres sterling. Il est probable qu'entre Plassey (1757) et Waterloo, la dernière somme mentionnée fut transférée des trésors indiens aux banques anglaises... L'Angleterre moderne a été rendue grande par la richesse indienne, richesse jamais offerte par son propriétaire, mais toujours saisie par la puissance et l'habileté. du plus fort. La différence entre le XVIIIe et le XXe siècle réside simplement dans le fait que le montant reçu aujourd'hui est immensément plus important et est obtenu « conformément à la loi »… » [38]

Permettez-moi de citer Mme Sarojini Naidu, le « rossignol de l'Inde », quant aux effets de la domination britannique en Inde : « Nos arts ont dégénéré, nos littératures sont mortes, nos belles industries ont péri, notre valeur est épuisée, nos incendies sont morts. sombre, notre âme sombre.

Tout cela s'est réellement produit. Pourtant, le monde croit que la mission de l'Angleterre en Inde est altruiste et sainte, qu'elle est là pour sauver les âmes d'un peuple démoralisé et pour éduquer une nation ignorante et peu progressiste. On a fait croire aux nations que sans son influence, il y aurait une tyrannie sociale et religieuse en Inde et que les faibles se retrouveraient sans champion. Les faits, cependant, se lisent différemment. Les gens sont pauvres et faibles. Ils sont jusqu'à un certain point fanatiques et des conflits locaux éclatent occasionnellement entre groupes religieux. Mais les dirigeants anglais de l'Inde empêchent-ils ces divisions ou les favorisent-ils ? C'est la question importante.

Les Anglais sont nos maîtres. Ils rendent leurs lois aussi strictes qu'ils le souhaitent ; ils tiennent leur emprise aussi fort qu'ils le souhaitent. Ils nous disent : « Peuple indien, vous êtes faible. La faiblesse est reconnue dans notre système comme un crime. Par conséquent, vous êtes condamné. Alors ils montrent le pouvoir entre leurs mains et l'utilisent comme ils l'entendent. Mais quand ils nous disent : « Peuple indien, cessez de vous quereller et vivez en paix », ils sont non seulement cruels, mais injustes et hypocrites, car les querelles sont leur propre création et nos divisions sont, selon eux, leur principal soutien. Selon le premier ministre d'Angleterre, M. Ramsay MacDonald :

« À mesure que les taches rouges avançaient sur la carte de l'Inde, des sections se rassemblaient pour résister, mais aucune puissance alors existante ne pouvait développer cette cohésion indienne qui était nécessaire si l'on voulait repousser le nouvel envahisseur commercial. Nous n'avons pas été acceptés, mais on n'a pas pu nous résister. L'Inde a lancé un défi, mais n'a pas réussi à relever son défi. [...] De plus, nous n'étions pas une puissance militaire conquérante imposant un tribut et se précipitant ici et là dans nos esprits. L'invasion n'était pas le fait de hordes d'hommes à la recherche de nouvelles colonies, ni de capitaines militaires en quête de butin, mais de capitaux en quête d'investissements, de marchands en quête de profit. C'était forcément lent ; il s'est divisé pour régner et a enrôlé les Indiens pour soumettre l'Inde. [39]

Peut-être le lecteur sera-t-il maintenant prêt à admettre que l'Angleterre a acquis le contrôle de l'Inde et a réussi à conserver sa maîtrise du pays grâce à la politique du « diviser pour régner ». Il peut également admettre que les industries textiles existantes en Inde ont été détruites par l'utilisation injuste du pouvoir politique dans l'intérêt des industries manufacturières britanniques en pleine croissance. Vint ensuite l'invasion du métier à tisser mécanique en Europe qui acheva de ruiner l'industrie cotonnière indienne. En premier lieu, l'Inde avait été tellement appauvrie qu'elle ne pouvait pas trouver les capitaux nécessaires pour utiliser les dernières inventions ; et quand elle réussit enfin à établir des moulins à vapeur, leurs progrès furent tués dans l'œuf par l'imposition d'un droit d'accise sur toutes les industries manufacturières domestiques. Il y avait là une inversion évidente de l'ordre naturel des choses. Lorsque les machines commencèrent à être introduites dans le pays, un tarif protecteur fut nécessaire pour aider les industries naissantes. Au lieu de cela, les dirigeants étrangers de l'Inde ont imposé un droit d'accise sur les tissus de coton, tandis que les tissus étrangers ont continué à être admis en franchise de droits.

Une politique malveillante similaire a été adoptée à l'égard des industries agricoles de l'Inde. Un gouvernement soucieux du bien-être de la nation s'efforce par tous les moyens d'améliorer la condition des gouvernés en augmentant leurs sources de revenus. Elle accorde des subventions à ses agriculteurs, les aide à améliorer la qualité de leurs récoltes et étend leurs marchés. Ce qu'elle exige d'eux sous forme d'impôts est dépensé pour l'amélioration de leur condition générale. "Il s'identifie à la nation et s'enrichit avec elle."

En Inde, depuis l'époque où la Compagnie des Indes orientales est devenue la dirigeante du pays, ce processus naturel s'est inversé. Ces dirigeants étrangers de l'Inde considéraient leurs possessions comme une « plantation humaine » et leur politique consistait à extraire du peuple tout ce qui était possible afin d'augmenter les profits des actionnaires de la Compagnie en Angleterre. Les impôts sur les terres agricoles furent au début fixés au niveau le plus élevé possible, puis augmentés à chaque règlement des impôts successif. La surévaluation et la perception des impôts, au mépris le plus cruel de la condition matérielle des agriculteurs, ont plongé le pays dans la misère. Bientôt, ils commencèrent à fuir leurs maisons pour se réfugier dans la jungle, laissant le pays désolé. L'Inde fut frappée par les famines les plus horribles, et tandis que les indigènes mouraient de faim dans les rues, les agents de la Compagnie eurent la satisfaction de signaler une augmentation des recettes des impôts fonciers. On estime que la famine de 1770 a emporté avec elle un tiers de la population totale du Bengale, et pourtant, l'année suivante, les revenus fonciers du Bengale ont été collectés et effectivement collectés en espèces.

Les deux lettres écrites par le gouvernement de la Compagnie en Inde à ses directeurs en Angleterre dans les années 1771 et 1772 présentent un intérêt particulier à cet égard.

Daté du 12 février 1771 : « Malgré la grande gravité de la dernière famine et la grande réduction de la population qui en a résulté, une certaine augmentation a été réalisée dans les colonies des provinces du Bengale et de Behar pour l'année en cours. » [40]

Daté du 10 janvier 1772 : « Les perceptions dans chaque département du revenu se font pour l'année en cours avec autant de succès que nous aurions pu le souhaiter. » [40]

Il va sans dire que pour rassembler des revenus accrus, à la suite d'une famine dévastatrice, il a fallu beaucoup plus d'ingéniosité. On profita de toutes sortes de la détresse du peuple. Leurs récoltes étaient monopolisées et, dans la plupart des cas, les semences pour les récoltes de l'année suivante étaient vendues pour réaliser les revenus de la société. Les propriétaires héréditaires des terres furent chassés de leur propriété et leurs propriétés furent transférées aux plus offrants pour la perception des revenus fonciers.

Une comparaison entre les impôts fonciers réclamés par les précédents dirigeants de l'Inde et par la Compagnie des Indes orientales peut être faite à partir des chiffres suivants :

Le total des revenus fonciers perçus par le dernier souverain mahométan du Bengale en 1764, la dernière année de son administration, s'élevait à 817 533 £ ; En trente ans, les dirigeants britanniques percevaient un revenu foncier annuel de 2 680 000 £ dans la même province. Pendant cet intervalle, le pays avait été frappé par deux des famines les plus terribles de son histoire. Le colonel Briggs écrivait en 1830 : « Un impôt foncier comme celui qui existe aujourd'hui en Inde, prétendant absorber la totalité du loyer du propriétaire, n'a jamais été connu sous aucun gouvernement en Europe ou en Asie. » [41]

A côté des lourdes cotisations du gouvernement, il y eut , plus désastreuses encore, les extorsions et les primes des domestiques de la Compagnie. En plus de servir à la solde de la Compagnie, chaque jeune commis ou vieil officier vétéran avait l'ambition de faire une fortune soudaine pour l'emporter avec lui en Angleterre. Presque tous les domestiques de la Compagnie exerçaient leur métier privé. Ce mal fut cependant stoppé par Clive au cours des années suivantes. Les commerçants anglais ont utilisé tous les outils à leur disposition pour tirer un avantage indu sur leurs clients et sur les commerçants autochtones rivaux.

Un cas typique de cette injustice s'est produit lors de la controverse sur les droits d'accise dans la province du Bengale entre son Nawab , Mir Kasam , et les serviteurs de la société. La victoire anglaise de Plassey (1757) avait grandement accru le prestige de la Compagnie. En échange de sa protection, le Nawab du Bengale accorda à la Compagnie des Indes orientales le droit d'exercer en franchise de droits son commerce d'exportation et d'importation sur son territoire. Ce droit, le Nawab l'accordait au commerce de la Société et non au commerce privé des fonctionnaires de la Société. Cependant, malgré les plaintes répétées du Nawab , les serviteurs de la Société ont continué à exercer leurs activités privées sans payer de droits au trésor du Nawab . Cet arrangement, bien sûr, a aidé les commerçants privés à accumuler des fortunes colossales en très peu de temps, mais le trésor du Nawab a vite ressenti de graves pertes de revenus. De plus, les souffrances des commerçants indigènes, qui devaient payer de lourdes taxes sur leurs marchandises et avaient donc du mal à rivaliser avec ces commerçants qui enfreignaient la loi, atteignirent un état critique. Accablé de toutes parts et trouvant ses plaintes auprès des agents de la Compagnie ignorées, le généreux Nawab, dans un moment d'indignation noble et royale, abolit tous les devoirs à l'intérieur des terres. Par cet acte, il perdit personnellement une grande partie de ses revenus, mais il plaça ses sujets sur un pied d'égalité avec les employés de la Compagnie des Indes orientales. Ce qui suivit sera à peine cru par nos lecteurs. Le Conseil exécutif de la Compagnie à Calcutta protesta contre cette action du Nawab , la qualifiant d'abus de foi envers la nation anglaise. « La conduite des serviteurs de la Compagnie à cette occasion », dit

James Mill dans son histoire de l'Inde, « fournit l'un des exemples les plus remarquables jamais enregistrés du pouvoir de l'intérêt d'éteindre tout sentiment de justice, et même de honte ». « Il ne peut y avoir aucune divergence d'opinions », écrit un autre historien anglais, HH Wilson, « sur les débats. L'égoïsme étroit de la cupidité commerciale avait rendu tous les membres du conseil, à l'exception de deux honorables exceptions de Vansitart et Hastings, obstinément inaccessibles aux exigences les plus claires de la raison, de la justice et de la politique. [42] Il est inutile de faire davantage de commentaires à ce sujet.

Il s'agissait d'une classe de fonctionnaires en Inde qui considéraient le pays, qu'ils avaient été appelés à gouverner au nom de Dieu Tout-Puissant, comme rien d'autre qu'un bassin de pêche. Ils ont déclaré que le but de leur gouvernement était de rétablir l'ordre au lieu du chaos, et la justice au lieu de la corruption. Mais lorsqu'un des princes indigènes, inspiré par la noblesse de cœur, ordonna l'annulation de ses propres revenus au profit de ses sujets, le gouvernement de la Compagnie entra en colère et qualifia son acte de bienveillance désintéressée d'abus de foi envers la nation anglaise. Après tout, Edmund Burke avait raison lorsqu'il parlait ainsi des responsables de la Compagnie des Indes orientales :

« … L'invasion tartare a été malveillante, mais c'est notre protection qui détruit l'Inde. C'était leur inimitié, mais c'est notre amitié. Notre conquête là-bas, après vingt ans, est aussi grossière qu'au premier jour. Les indigènes savent à peine ce que c'est que de voir la tête grise d'un Anglais ; des jeunes hommes, presque des garçons, y gouvernent sans société et sans sympathie pour les indigènes. Ils n'ont pas plus d'habitudes sociales avec le peuple que s'ils résidaient encore en Angleterre ; ni, en effet, aucune espèce de relations autres que celles qui sont nécessaires pour faire une fortune soudaine, en vue d'un établissement éloigné. Animés de toute l'avarice de l'âge et de toute l'impétuosité de la jeunesse, ils roulent les uns après les autres, vague après vague, et il n'y a devant les yeux des indigènes qu'une perspective sans fin et désespérée de nouveaux vols d'oiseaux de proie et passage, avec des appétits sans cesse renouvelés pour une nourriture qui se gaspille continuellement. Chaque roupie de profit réalisée par un Anglais est perdue à jamais pour l'Inde » (Edmund Burke dans un discours prononcé à la Chambre des communes en 1783). »

Après Plassey (1757), le contrôle anglais sur l'Inde commença à s'étendre rapidement et la Compagnie des Indes orientales acquit la véritable nature d'un gouvernement au lieu d'une simple société commerciale. Au fur et à mesure que le pouvoir politique de la Compagnie grandissait en Inde et que les abus s'infiltraient, le Parlement anglais entreprit de contrôler toutes les affaires indiennes par l'intermédiaire de représentants nommés. Cette politique a été menée à tel point qu'à la veille de la mutinerie des Cipayes

(1857), qui a conduit au transfert du gouvernement de l'Inde au souverain britannique, le Parlement anglais supervisait déjà l'affaire indienne par l'intermédiaire d'un ministre et d'un conseil. conseil d'administration en Angleterre et un gouverneur général nommé par le cabinet britannique en Inde.

Le ressentiment du peuple indien contre la domination britannique et les humiliations politiques et économiques qui en ont résulté ont trouvé son expression tragique dans la rébellion de 1857, communément connue sous le nom de mutinerie des cipayes . Les masses du pays, dirigées par l'armée indigène, éclatèrent dans une fureur folle contre le joug de leurs dirigeants étrangers. La rébellion a commencé dans les Provinces-Unies et s'est immédiatement répandue comme une traînée de poudre dans tous les territoires britanniques. Une fois de plus, les Britanniques dressèrent les indigènes les uns contre les autres. La rébellion, qui menaça à un moment donné le renversement complet du pouvoir britannique dans le pays, fut écrasée avec l'aide des régiments sikhs du Pendjab. La répression de la rébellion a entraîné de terribles pertes en vies humaines, et certains des actes d'horreur commis par les soldats anglais furieux restent aussi frais dans l'esprit du peuple indien à ce jour qu'ils l'étaient en 1857. Les empereurs moghols furent déposés et tous ses héritiers furent tirés à coups de canon. Des milliers de rebelles ont été pendus et leurs cadavres ont été laissés suspendus aux branches des arbres afin d'exciter la terreur dans l'esprit de la population. Kaye et Malleson *L'Histoire de la Mutinerie* donne le récit le plus horrible des massacres que les officiers anglais ont perpétrés pendant les jours sanglants qui ont suivi la Mutinerie, de la manière la plus aveugle et la plus barbare. Les auteurs de ce récit mémorable de la mutinerie déclarent : « Déjà nos officiers militaires traquaient les criminels de toutes sortes et les pendaient avec aussi peu de scrupules que s'ils avaient été des chiens parias, ou des chacals, ou de la vermine d'un vil. gentil." Le caractère des soldats blancs était si féroce et la haine féroce contre tous ceux « qui portaient la sombre livrée de l'Est » les possédait si fortement qu'à une occasion, en l'absence d'ennemis tangibles, ils se tournèrent contre leurs propres partisans du camp. et assassinèrent un grand nombre de leurs serviteurs fidèles et inoffensifs. Sir Charles Ball écrit : « Chaque jour, nous avions des expéditions pour incendier et détruire des villages mécontents et nous avions pris notre revanche. Nous avons le pouvoir de la vie entre nos mains et je vous assure que nous ne l'épargnerons pas. Des vieillards innocents et des femmes sans défense, allaitant des enfants au sein, ressentaient le poids de la vengeance de l'homme blanc tout autant que les malfaiteurs les plus vils. Il est rapporté qu'à plusieurs endroits, la chair de vache était introduite de force avec des lances et des baïonnettes dans la bouche de prisonniers hindous parce que les Anglais savaient que les hindous abhorraient tellement la chair de vache qu'ils préféraient mourir plutôt que de la manger. Kaye et Malleson écrivent :

« Ensuite, la soif de sang est devenue encore plus forte. C'est dans les archives de notre Parlement britannique, dans les documents envoyés par le gouverneur général de l'Inde en conseil, que les vieillards, les femmes et les enfants, sont sacrifiés, ainsi que les coupables de rébellion. Ils n'ont pas été délibérément pendus, mais brûlés vifs dans leurs villages – peut-être de temps en temps par balle accidentelle. Les Anglais n'hésitaient pas à se vanter, ou à consigner leurs vantardises dans des écrits, qu'ils n'avaient « épargné personne » et que « donner du piment aux nègres » était un passe-temps très agréable, « apprécié à merveille ». Il a été dit dans un livre patronné par les hautes autorités, que « pendant trois mois, huit chars morts par jour faisaient leur tournée du lever au coucher du soleil pour enlever les cadavres qui pendaient aux carrefours et sur les places des marchés », et que « six mille Les êtres humains avaient ainsi été sommairement éliminés et lancés dans l'éternité. » [43]

À la suite de la mutinerie des Cipayes, le Parlement britannique a adopté une loi en vertu de laquelle le gouvernement indien a été transféré de la Compagnie des Indes orientales à la Couronne britannique. Le roi anglais devint ainsi le souverain de l'Inde, mais le peuple indien paya le prix de l'achat. Les actionnaires de la Compagnie furent récompensés pour ce changement, et la somme qui leur fut versée fut ajoutée à la dette nationale de l'Inde. Le gouvernement du pays a changé de mains, mais pratiquement aucun changement n'a été apporté à la politique. Même pendant les temps de paix qui ont suivi, la dette publique de l'Inde a continué à augmenter. Les nouveaux dirigeants étaient déterminés à promouvoir les industries anglaises aux dépens des fabricants indiens, tout comme ils l'avaient fait sous le règne de la Compagnie. L'Inde reste désormais une colonie de l'Empire pour la production de matières premières à très bas prix dans les usines anglaises. Les produits manufacturés étaient ensuite réexpédiés en Inde pour la consommation locale. Les postes dignes et les rémunérations élevées dans la fonction publique continuaient d'être considérés par l'Anglais comme son seul monopole. Aucune confiance n'était accordée aux indigènes; ils n'ont reçu aucun poste d'autorité et ont été exclus autant que possible des postes de responsabilité. En d'autres termes, les intérêts des Indiens étaient complètement subordonnés à ceux des Anglais. « Les chemins de la richesse et de l'honneur étaient fermés aux indigènes. Les plus élevés d'entre eux étaient considérés comme indignes des places de confiance dans les emplois publics occupées par de jeunes garçons anglais fraîchement sortis de l'école. Les sources de l'industrie indienne ont été stoppées et les sources de la richesse du pays ont été taries.»

En raison de la domination britannique directe sur l'Inde, la dette publique du pays est passée de 51 000 000 £ en 1857 à 200 000 000 £ en 1901. La classe agricole de l'Inde, en outre, l'épine dorsale de la prospérité nationale dans un pays dont l'occupation principale est l'agriculture, était devenue si pauvre qu'en 1900, dans un district, 85 % des revenus fonciers étaient directement versés aux fonctionnaires du gouvernement par les prêteurs, les propriétaires fonciers étant totalement incapables de faire face à leurs obligations. La principale revue médicale mondiale (*The Lancet* , juin 1901) a estimé qu'au cours de la dernière décennie du XIXe siècle, dix-neuf millions de sujets indiens britanniques étaient morts de faim et un million de la peste. Et pourtant, au début du XXe siècle, selon les arrangements financiers du pays, la moitié de ses revenus totaux était chaque année expédiée de l'Inde vers l'Angleterre. Cela comprenait l'entretien du bureau indien à Londres, les pensions des fonctionnaires retraités résidant en Angleterre et les intérêts sur les dettes publiques. [44]

Ayant ces faits à l'esprit, le lecteur ne s'étonnera pas que l'Inde soit pauvre. Placez n'importe quel autre pays du monde dans les mêmes conditions. Que son gouvernement soit dirigé par une puissance étrangère en excluant complètement les fils du sol des postes de responsabilité ; que sa politique fiscale soit déterminée par le parlement d'une nation commerciale rivale, sans qu'un seul représentant de la nation gouvernée ne siège dans ses conseils ; que son industrie soit paralysée ou détruite par une utilisation malveillante du pouvoir politique par ses dirigeants étrangers ; que son agriculture soit soumise à un impôt foncier lourd et incertain ; que la moitié de son revenu total soit emportée chaque année vers un pays étranger ; et vous ne seriez pas surpris si la nation la plus prospère du monde sombre en quelques années dans les profondeurs les plus basses de la pauvreté et de la dégradation. [45] Une nation prospère si son gouvernement est sagement administré dans l'intérêt du peuple, si les sources de richesse sont élargies et si le produit des impôts est dépensé pour l'élévation du peuple et parmi le peuple. Elle s'appauvrit si son gouvernement est dirigé par une puissance extérieure dans un but d'exploitation ; si les sources de sa richesse sont réduites à cause de la paralysie de ses industries, et si ses revenus sont en grande partie envoyés hors du pays sans retour économique. Les Américains sont impressionnés par le monopole unique de la Standard Oil Company. Ils sont consternés par l'ampleur et la tyrannie de son pouvoir. Ils ne devraient pas oublier que le monopole de la Standard Oil est un pygmée devant le monopole britannique de l'Inde. L'Angleterre exerce depuis près de deux cents ans un contrôle exclusif et indivis sur les affaires de l'Inde. Elle a eu le pouvoir de façonner le destin de trois cents millions de personnes selon sa volonté, n'étant responsable envers personne d'autre qu'elle-même. Elle a tenu non seulement le gouvernement de l'Inde, mais encore son commerce, ses finances et son industrie. En conclusion, répétons la remarque poignante citée plus haut : « La richesse nationale de l'Inde n'a pas poussé d'ailes pour s'envoler. Il a fallu l'emporter. »

NOTES DE BAS DE PAGE :

[35] Cité de RC Dutt , *Economic History of British India* .

[36] Cité de RC Dutt .

[37] Cité de RC Dutt .

[38] *Inde britannique prospère.*

[39] Du *gouvernement de l'Inde* .

[40] Cité de RC Dutt .

[41] Cité de RC Dutt .

[42] Cité de RC Dutt .

[43] Cité de Lajpat Rai.

[44] Digby.

[45] Digby.

Chapitre IX

LE NATIONALISME INDIEN : SON ORIGINE ET SA CROISSANCE

Avant d'aborder longuement les problèmes du nationalisme indien, examinons si l'Inde est réellement une nation ou s'il s'agit simplement d'un ensemble de peuples habitant un même pays. L'unité fondamentale de l'Inde en tant que nation a souvent été niée par d'éminents universitaires, tandis que son unité historique et culturelle n'a jamais été réellement reconnue par les dirigeants anglais du pays. Sir John Strachey remarque :

« C'est la première et la plus essentielle chose à apprendre sur l'Inde : qu'il n'y a pas et qu'il n'y a jamais eu d'Inde, ni même aucun pays de l'Inde, possédant, selon les idées européennes, une quelconque sorte d'unité, physique, politique, sociale ou religieux; pas de nation indienne, pas de « peuple indien » dont nous entendons tant parler.

Nous pensons que Sir John Strachey a profondément tort lorsqu'il affirme que l'Inde n'est pas une nation au sens « physique, politique, social ou religieux ». Au contraire, il peut être facilement prouvé que, géographiquement, historiquement, culturellement et spirituellement, l'Inde est fondamentalement une. Coupée du nord et de l'est par l'Himalaya enneigé et entourée au sud et à l'ouest par le puissant océan Indien, l'Inde est géographiquement un seul pays. Chaque partie de l'intérieur est librement accessible de tous les côtés. Aucune frontière naturelle à l'intérieur du pays ne le divise en différentes parties ; et aucune haute montagne n'obstrue le libre passage d'une partie du pays à l'autre. En fait, l'Inde est une unité physique bien plus distincte que tout autre pays d'Europe ou d'Amérique.

Lorsque nous étudions l'histoire de l'Inde, depuis l'ancienne période védique jusqu'aux temps modernes, nous retrouvons l'ensemble de la péninsule indienne, du Bengale au Gujrat, et de Ceylan au Cachemire, toujours mentionnée comme une seule et même patrie. « La première littérature védique contient des hymnes adressés à la patrie de l'Inde. Les poèmes épiques parlent de l'ensemble de BHARAT comme de la patrie des Aryens. Nous n'entendons nulle part parler de nationalités distinctes à l'intérieur du pays. La littérature indienne regorge de réflexions sur la nationalité indienne ; mais il n'y a aucune mention de nations distinctes du Bengale, de Madras, du Gujrat ou du Pendjab, basées sur des divisions géographiques. De puissants empereurs des temps anciens et modernes ont régné sur toute la péninsule dans la paix et la sécurité. "En fait, la croyance en l'unité de l'Inde était si forte dans les temps anciens qu'aucun dirigeant ne considérait ses territoires comme complets tant qu'il n'avait pas acquis le contrôle de la péninsule entière." Asoka régnait sur toute l'Inde en parfaite harmonie. Le pouvoir d'Akhbar s'étendit jusqu'aux extrémités les plus reculées du pays. Et lorsque, plus tard, les différents gouverneurs des provinces frontalières se révoltèrent et refusèrent allégeance aux successeurs d'Akhbar, c'est l'éloignement de la capitale qui suggéra à la population de ces provinces lointaines une révolte et non un sentiment de séparation. nationalité.

Culturellement, encore une fois, l'Inde est une seule nation. Dans leurs habitudes quotidiennes, leurs normes éthiques et leurs réponses spirituelles, les Indiens de toutes religions et localités sont fondamentalement semblables. « Leur vie de famille est fondée sur les mêmes bases ; leurs modes vestimentaires et culinaires sont les mêmes. Leurs goûts sont similaires. Ils respectent les mêmes héros nationaux et adorent les mêmes idéaux. Ils ont les mêmes espoirs et aspirations dans cette vie et dans l'au-delà. De ce fait, leur comportement mental et spirituel est similaire. En fait, ils sont fondamentalement un en esprit et en esprit.

Il est vrai que plusieurs dialectes sont parlés dans le pays. Jusqu'en 1920, les affaires du Congrès national indien lui-même se déroulaient en anglais, car aucune autre langue n'était commune à l'ensemble de l'Inde. Il est vraiment tragique qu'un peuple si profondément fier de son héritage national et aspirant à la liberté politique soit obligé d'utiliser lors des réunions de ses assemblées nationales une langue totalement étrangère. La diversité des langues représentait en fait une très légère difficulté, ce qui fut démontré lors de la session du Congrès national indien de 1920. Depuis la tribune du Congrès à Amritsar en 1919, le Mahatma Gandhi avait annoncé qu'à toutes les réunions ultérieures, les affaires du Congrès seraient conduites en langue hindi, parlée par plus d'un tiers de la population du pays. Des enseignants furent immédiatement envoyés dans différentes régions du pays pour instruire la population en langue hindi et lorsque le Congrès se réunit à nouveau en 1920, ses travaux se déroulèrent en hindi. Les délégués du Bengale, de Madras et de Bombay ont prononcé leurs discours en hindi aussi couramment que ceux des Provinces-Unies et du Pendjab. Tout le monde était satisfait du changement. Un miracle s'était produit ; *L'Inde avait acquis une langue commune en un an*.

La population de l'Inde est composée de nombreux peuples différents, venus dans le pays à l'origine en tant qu'envahisseurs, puis s'y sont installés et en sont devenus une partie. Grâce au processus d'assimilation et d'adaptation qui s'est étendu au fil des générations, les premiers conquérants afghans, mongols et perses de l'Inde ont perdu leurs caractéristiques particulières et ne font plus qu'un avec le reste de la population dans leur langue, leurs idées et leur loyauté. La situation de ces types étrangers en Inde est exactement analogue à celle des peuples de différentes nationalités qui ont émigré d'Europe vers l'Amérique dans les premiers temps. L'intervalle d'une seule génération était généralement suffisant pour transférer la loyauté des immigrants européens de leur pays d'origine vers les États-Unis. La différence entre l'Inde et les États-Unis à cet égard réside simplement dans le fait que l'Indien doit remonter bien plus de générations en arrière que l'Américain pour atteindre son immigrant.

Le principal obstacle à l'unité spirituelle parmi le peuple indien est la religion. L'hindouisme et le mahométanisme sont les religions dominantes du pays. La majeure partie de la population est hindoue, mais soixante-dix millions de Moha mmedans sont dispersés en petits groupes dans tout le pays. Les mahométans sont arrivés en Inde à l'origine en tant qu'envahisseurs et conquérants, et occupent maintenant dans ce pays une position d'autorité et de sujétion mixtes. Partout où ils constituent le groupe majoritaire, ils dominent les adeptes des autres religions ; tandis que dans d'autres endroits, ils sont considérés comme des minorités. Depuis le début de leurs contacts, les hindous et les mahométans de l'Inde ne se sont jamais mis d'accord. Des intervalles de paix et d'harmonie entre les deux communautés se sont produits occasionnellement sous les règnes d'empereurs bienveillants comme Akhbar et Shah Jahan ; mais leurs cœurs ne furent jamais unis dans une véritable camaraderie, même avant le début de l'influence anglaise. Les dirigeants modernes de l'Inde ont contribué à renforcer les différences entre les hindous et les mahométans, à tel point que les animosités entre les deux groupes religieux n'étaient pas moins amères en 1918 qu'elles ne l'étaient il y a trois cents ans. Cependant, depuis l'époque de Gandhi, beaucoup a été accompli pour créer un sentiment de camaraderie et d'amour authentiques entre les hindous et les mahométans de l'Inde. Alors que les musulmans du monde entier étaient dans un état de profonde détresse face aux questions du Califat après le traité Severes , les hindous de l'Inde ont fait cause commune avec les musulmans du monde. Le Califat a été inscrit au programme du Congrès comme l'une des principales questions de l'Inde. Cette libéralité a contribué à gagner le cœur de la population musulmane de l'Inde envers ses compatriotes hindous, et l'Hindou Gandhi a été idolâtré par les deux groupes religieux, en tant que chef et sauveur. Ce fut un début de bon augure pour l'amitié entre ces deux factions isolées en Inde, et depuis lors, il a été suivi avec enthousiasme par la jeune génération du pays. On peut s'attendre avec certitude qu'à mesure que la jeunesse indienne acquiert de l'influence dans les affaires du pays, les frictions entre les hindous et les mahométans cesseront et que leurs batailles séculaires basées sur la superstition et l'erreur prendront fin.

Pire encore, dans leur signification éthique et spirituelle, sont les différenciations entre les groupes de castes parmi les hindous. De nombreuses sociétés de réforme sociale s'efforcent actuellement d'éliminer les barrières de caste au sein de la société hindoue ; et jusqu'à ce que le travail de construction d'une communion humaine entre les différentes castes et groupes religieux de l'Inde, basée sur les enseignements moraux les plus élevés des sages hindous, soit achevé, la régénération politique aussi bien que spirituelle du pays restera un rêve vain.

Nous avons vu qu'au sens culturel, en raison de l'identité des sentiments et des instincts, les hindous, les mahométans, les sikhs, les parsis , les bengalis, les mahratas et les madrasis sont fondamentalement semblables. Pourtant, l'amertume entre ces éléments belligérants du pays avait pris à une certaine époque des proportions si immenses qu'un sentiment commun de voisinage et de décence humaine semblait inconcevable entre eux. Il y a deux cents ans, lorsque les Anglais commencèrent à prendre le contrôle du pays, la population indienne était divisée en groupes parfaitement hostiles ; et il n'existait alors aucune puissance capable de rassembler ces factions belligérantes. Parmi les causes qui ont secrètement conspiré pour développer un esprit d'unité entre les différents groupes religieux et sociaux de l'Inde, la plus importante a été l'impérialisme britannique dans le pays. La Grande-Bretagne a d'abord accordé à l'Inde un long règne de paix. Cela a permis aux habitants des différentes régions du pays d'avoir des relations sexuelles plus directes et plus régulières qu'auparavant. Les Anglais ont également donné aux classes supérieures de l'Inde une connaissance de l'histoire anglaise et de la littérature classique, dont l'étude a insufflé dans l'esprit des Indiens instruits l'amour de la liberté. La connaissance de l'esprit du nationalisme européen a créé un désir de nationalité indienne. Une conscience nationale naquit bientôt et trouva son expression à travers le Congrès national indien.

Cependant, l'antagonisme universel à l'égard de la domination britannique a eu pour conséquence directe l'unification du peuple indien en une seule nation. À mesure que la tyrannie de la domination étrangère commençait à se faire sentir, la haine contre elle augmentait. Les différentes factions du pays ont été contraintes de s'unir dans le but de chasser du pays les intrus arrogants. Quoi qu'il en soit, une chose est sûre à propos de l'Inde : « Le sentiment d'antagonisme à l'égard de la domination britannique et de ressentiment contre son caractère inique est à la fois universel et profond. »

Les principaux griefs contre la domination anglaise sont son caractère étranger et son exploitation des richesses du pays. Le Mahatma Gandhi l'appelle « satanique », parce qu'il est fondé non pas sur le consentement des gouvernés mais sur la force militaire du dirigeant. « Cela ne repose pas sur le droit mais sur la force. Son dernier appel n'est pas à la raison ni au cœur mais à l'épée. » Gandhi écrit :

« Je suis arrivé à contrecœur à la conclusion que les liens avec la Grande-Bretagne avaient rendu l'Inde plus impuissante qu'elle ne l'avait jamais été, politiquement et économiquement… Le gouvernement établi par la loi dans l'Inde britannique vise à exploiter les masses. Aucun sophisme, aucune jonglerie chiffrée ne peut expliquer les preuves que les squelettes de nombreux villages présentent à l'œil nu. Je n'ai aucun doute que l'Angleterre et les citadins de l'Inde devront répondre, s'il y a un Dieu là-haut, de ce crime contre l'humanité qui est peut-être sans égal dans l'histoire. » - Gandhi, *Speeches*, pp. 753-4. .

Nous avons dit tout à l'heure que l'un des principaux griefs contre la domination anglaise en Inde est son caractère étranger. On peut se demander : « Pourquoi l'origine étrangère d'une règle elle-même constituerait-elle un argument si puissant contre elle ? « N'est-il pas vrai que l'Angleterre a donné à l'Inde la paix et l'efficacité de son gouvernement ? Cela constitue partout la fonction principale des gouvernements, et la règle qui a réussi à atteindre ce but justifie son existence. Si c'est vrai ailleurs, cela devrait l'être aussi en Inde. Notre interlocuteur peut avoir à la fois profondément raison et profondément tort. Cependant, l'acceptation ou le rejet d'une seigneurie étrangère par le cœur est une question de sentiment si subtil, que la seule façon d'en expliquer le sens au lecteur est de créer une situation où il sera appelé à juger en la matière.

Supposons que, par un coup de fortune, le Japon ait obtenu la maîtrise de l'Amérique. Admettons, en même temps, que la domination japonaise sur l'Amérique ait été plus efficace que la domination américaine, et à la lumière de nos connaissances modernes, il n'est pas au-delà des limites de la probabilité d'imaginer que l'efficacité du gouvernement japonais puisse être supérieure à celle des États-Unis. L'efficacité américaine. Que penserait notre lecteur de la situation ? Serait-il prêt à abandonner son propre gouvernement indigène au profit d'un gouvernement plus efficace sous le Mikado japonais ? Quelle serait sa réaction s'il voyait ses propres « étoiles et rayures » remplacées par le drapeau impérial du Japon ? Il ne se sentirait certainement pas à l'aise à ce sujet. La condition des indigènes de l'Inde sous l'autorité britannique est exactement similaire quant aux causes et aux conséquences. Dans son aspect fondamental, la domination d'un pays par une puissance étrangère est en principe erronée. Ce n'est pas naturel et donc totalement immoral. Qu'il s'agisse des Japonais en Corée, des États-Unis d'Amérique aux Philippines ou des Anglais en Inde, tout cela est contre nature et immoral. Il ne peut jamais y avoir de justification éthique, morale ou spirituelle à une règle autre que celle des autochtones dans un pays. « Le gouvernement d'un peuple en soi, dit John Stuart Mill, a un sens et une réalité ; mais le gouvernement d'un peuple par un autre n'existe pas et ne peut pas exister.

Jusqu'à présent, il n'existe que deux principes pour le gouvernement d'un pays dans le monde : l'un est le gouvernement d'un pays par ses représentants choisis, qui sont tenus responsables envers leurs électeurs et sont nécessairement tenus de diriger le pays dans l'intérêt du pays. les gouvernés. Ce système a été décrit par un émancipateur américain comme « le gouvernement du peuple, par le peuple, pour le peuple ». Lorsque nous examinons l'histoire des différents pays du monde, nous constatons que, sans une seule exception, les pays qui ont progressé dans leurs possessions matérielles et culturelles, au cours des deux cents dernières années, sont ceux dont les gouvernements étaient basés sur sur le principe du « gouvernement du peuple, par le peuple, pour le peuple ».

Dans le monde moderne, nous constatons que les gouvernements des États-Unis d'Amérique, de l'Angleterre, de la France et de l'Allemagne sont typiques de par leurs caractères représentatifs. Il va sans dire que les progrès réalisés ces derniers temps par ces nations n'auraient pas été possibles sous aucun autre système de gouvernement. Prenons le cas de n'importe lequel de ces pays, l'Amérique par exemple ; vous constaterez que « l'Amérique a été rendue grande par le caractère démocratique de ses institutions gouvernementales. Ses réalisations colossales dans les arts mécaniques, le progrès élevé de sa vie culturelle et artistique, la nature gigantesque de son progrès commercial et industriel, l'ampleur de son équipement éducatif, ses institutions d'apprentissage et de recherche et son niveau de vie élevé - tout cela ceux-ci doivent leur origine au caractère bienfaisant du gouvernement américain », dont le fondement reposait sur les nobles principes contenus dans la Déclaration d'Indépendance :

« … Que tous les hommes sont créés égaux ; Qu'ils sont dotés par leur Créateur de certains droits inaliénables ; que parmi ceux-ci se trouvent la vie, la liberté et la recherche du bonheur. Que, pour garantir ces droits, des gouvernements sont institués parmi les hommes, tirant leurs justes pouvoirs du consentement des gouvernés ; … »

Il existe encore un autre principe (ou absence de principe) sur lequel pourrait se baser le gouvernement d'un pays. Cela se produit lorsque le pays est gouverné par une puissance étrangère, qui tire son autorité non du consentement des gouvernés, mais d'une source extérieure. Une conséquence naturelle de ce système est que les dirigeants de ces pays ne se soucient pas des bénéfices que le pays dirigé peut en tirer. Dans de tels cas, les intérêts de la nation assujettie sont entièrement subordonnés à ceux du pays maître. « Le commerce du pouvoir en place se développe aux dépens des gouvernés ; les industries du pays gouvernant se développent au prix de l'extinction de celles des gouvernés. « La vie matérielle, culturelle et morale d'un peuple s'enrichit aux dépens des sources de vie d'un peuple plus impuissant et plus malheureux. » Le processus commence par l'appauvrissement de la nation assujettie grâce à un système d'exploitation économique de ses richesses par les puissances dominantes. La pauvreté, à son tour, dégrade le caractère du peuple et la nation devient moralement flasque. La dégénérescence d'un peuple appauvri et opprimé est favorisée par l'influence dégradante des autres politiques du dirigeant étranger, telles que le désarmement du peuple assujetti, l'introduction au milieu d'eux d'un système d'éducation étranger conçu de manière à former en son sein un peuple pauvre et opprimé. des classes supérieures un groupe de « snobs » mal éduqués et de créer dans les couches supérieures du pays le mépris de son histoire et de sa culture passées.

Ce type de gouvernement existe en Inde depuis deux cents ans. Pour commencer, l'Angleterre emporta toutes les richesses tangibles du pays « sous forme d'indemnités, de subventions et de cadeaux de ses princes, et d'évaluations et d'impôts du peuple ». En même temps, les industries du pays furent détruites et sa prospérité commerciale fut freinée par une politique égoïste d'enrichissement des classes manufacturières d'Angleterre aux dépens de celles de l'Inde. La population entière du pays a été désarmée comme prochaine étape. Ainsi, la nature des gens fut dégradée, leur esprit martial fut écrasé et « une race de soldats et de héros se transforma en un timide troupeau de moutons conduisant des plumes ».

L'introduction d'un système d'éducation totalement étranger était encore une étape supplémentaire dans l'extermination du pays des vestiges de l'honneur et de la fierté nationales. Selon le plan d'enseignement de l'anglais dans le pays, formulé par Lord Macaulay, l'anglais devenait la langue d'enseignement pour toutes les branches d'études. L'histoire anglaise et la littérature anglaise ont reçu la préférence sur l'histoire indienne et la littérature indienne. Les manuels scolaires et collégiaux étaient préparés par des agents anglais du gouvernement ; et parmi eux, les sentiments d'amour et d'admiration pour la civilisation et la culture indienne, d'une part, et le respect pour le caractère et le comportement de ses princes, d'autre part, étaient strictement exclus. A sa place, les rois anglais, le peuple anglais, la religion anglaise, le gouvernement anglais, les institutions anglaises, en fait tout ce qui était anglais était présenté comme idéal. Selon les textes historiques, chaque fois qu'une bataille se déroulait entre les Anglais et les princes indigènes, les premiers avaient toujours raison et les seconds avaient toujours tort. Les Anglais furent toujours les vainqueurs et les indigènes toujours les vaincus. Mir Jafar , l'archi-traître du pays, était un prince noble et digne, tandis que Mir Kasam , le protecteur bienveillant de ses sujets contre l'injustice des agents de la Compagnie des Indes orientales, était un hypocrite et un débauché . La raison de l'exaltation de Mir Jafar et de l'exécration de Mir Kasam est cependant facile à comprendre. Mir Jafar était le commandant en chef de l'armée de Siraj-ud-Daulah , qui s'est opposée aux forces de Lord Clive sur le champ de bataille de Plassey . À la suggestion de pots-de-vin de Clive, Mir Jafar mena toute son armée du côté de l'ennemi et assura ainsi aux Anglais la victoire de Plassey , qui fut le début de leur véritable pouvoir dans le pays. D'un autre côté, Mir Kasam luttait continuellement contre les empiètements de la Compagnie des Indes orientales sur ses propres territoires et sur les droits de ses sujets. Lequel des deux princes était un véritable homme et un digne héros parmi son peuple, Mir Jafar ou Mir Kasam ? Mir Kasam , selon toutes sortes de normes morales et éthiques de noblesse et de courage ; Mir Jafar , selon les normes corrompues de l'impérialisme britannique en Inde.

Une fois que les jeunes Indiens eurent terminé leur maigre éducation, l'avenir qui les attendait était de nature très peu attrayante. Comme toutes les hautes fonctions au service du pays étaient monopolisées par les Anglais, les seuls postes laissés aux classes instruites d'Indiens étaient ceux de commis et d'assistants mal payés dans les bureaux du gouvernement. Aucune perspective de gloire, de richesse ou de pouvoir ne s'ouvrait devant eux. Il n'y avait pas de grande incitation à la poursuite de connaissances supérieures. A peine les jeunes savants commencèrent-ils à connaître leur position dans le monde qu'ils se rendirent compte de l'inutilité des grandes réalisations. À quoi serviraient leurs connaissances s'ils ne devaient pas occuper un poste d'administrateur public responsable dans leur pays et mettre ainsi leurs connaissances au service de l'Inde ? Les chiffres suivants permettent de mesurer l'ampleur de l'exclusion des habitants indigènes du pays des fonctions dignes et des émoluments élevés dans la fonction publique. Selon les chiffres de 1913, sur 2 501 postes civils et militaires dans l'Inde britannique, avec des salaires mensuels de 800 roupies (266,00 $) ou plus, 242 seulement, soit moins de dix pour cent, étaient occupés par des Indiens ; sur les 4 986 nominations comportant un salaire mensuel de 500 roupies (166 dollars), 19 pour cent seulement étaient occupées par des Indiens ; et sur les 11 064 nominations comportant un salaire mensuel de 200 roupies (66,00 dollars), 42 pour cent seulement étaient occupées par des Indiens. Les conditions n'ont pas beaucoup changé depuis 1913. [46]

Afin de permettre au lecteur américain de prendre pleinement conscience de l'ampleur de l'injustice impliquée dans la mauvaise politique du gouvernement anglais en Inde concernant les systèmes d'éducation et d'emploi public du pays, nous utiliserons une fois de plus notre illustration précédente. Supposons que, simultanément à la consolidation de la puissance japonaise en Amérique, le Mikado ait ordonné que la langue japonaise soit désormais la seule langue d'enseignement dans les écoles et collèges de tout le territoire des États-Unis. Les enfants américains seraient tenus d'apprendre la langue japonaise avant d'aller à l'école. Les textes donnés aux jeunes du pays pour qu'ils les étudient et les digèrent seraient des livres écrits et publiés au Japon, dans lesquels les noms de héros nationaux tels que Washington et Lincoln étaient exclus, mais dans lesquels les louanges du Japon étaient chantées en chœur. Shakespeare, Milton, Emerson, Longfellow et Hawthorne seraient exclus du programme scolaire américain et la littérature japonaise serait remplacée à sa place. Les affaires de tous les départements gouvernementaux seraient menées en japonais, et ses circulaires et rapports officiels seraient imprimés en japonais. Tous les postes supérieurs au service du pays seraient réservés aux compatriotes du Mikado. Le président et son cabinet ; les juges des cours suprêmes, de district et supérieures ; les gouverneurs des États, tous seraient nommés à Tokyo parmi les Japonais favorables au gouvernement du Mikado. Les Américains nés dans le pays seraient employés uniquement comme sténographes, facteurs, professeurs de lycée et conducteurs de tramways, et ce, avec des salaires de misère. Le bouddhisme deviendrait la religion d'État de l'Amérique. Que dirait tout Américain qui se respecte si tout cela était fait à son pays ? Que ferait-il lorsque ses enfants et ses petits-enfants pousseraient un cri contre l'injustice faite à leur pays et à sa virilité, et que ce cri serait étouffé par la déclaration des impérialistes japonais selon laquelle le Japon portait le fardeau de l'homme jaune aux États-Unis d'Amérique ? .

Le sentiment d'un ressentiment profond et passionné ressenti par le peuple indien à l'égard de ces questions a été exprimé ainsi par feu MGK Gokhale :

« Le système actuel entraîne une sorte d'éclipse ou de retard de croissance de la race indienne. Nous devons vivre toute notre vie dans une atmosphère d'infériorité, et les plus grands d'entre nous doivent se plier pour que les exigences du système puissent être satisfaites. L'impulsion ascendante, si je puis utiliser une telle expression, que peut ressentir tout écolier d'Eton ou de Harrow, afin qu'il puisse un jour être un Gladstone, un Nelson ou un Wellington, et qui peut attirer les meilleurs efforts dont il est capable. capable, cela nous est refusé. La hauteur à laquelle notre virilité est capable de s'élever ne pourra jamais être atteinte par nous dans le système actuel. L'élévation morale que ressent tout peuple autonome ne peut pas être ressentie par nous. Nos talents administratifs et militaires doivent progressivement disparaître par simple désuétude, jusqu'à ce qu'enfin notre sort de bûcherons et de puiseurs d'eau dans notre propre pays soit stéréotypé.

Si donc le monde voit le spectacle d'une Inde indignée et révoltée contre la domination anglaise, il ne devrait pas être surpris. Il est tout à fait naturel que les Anglais soient mécontents des tentatives des Indiens pour assurer leur indépendance. On espère cependant que les autres nations du monde ne se sentiront pas hostiles au cri de guerre des Indiens contre l'oppression britannique dans leur pays. Si les impérialistes anglais tentent de prouver la vertu de leur domination en Inde, rappelez-vous que la question n'est pas de savoir si la domination anglaise est bonne ou mauvaise, mais si le principe qui la sous-tend est juste ou faux. Aucun citoyen américain qui se respecte ne désire voir la seigneurie japonaise s'établir dans son pays natal ; il qualifierait d'intolérable une situation dans laquelle les Japonais occupaient toutes les positions de pouvoir dans le gouvernement de son pays. Les habitants purs et durs de l'Inde ressentent à peu près la même chose à l'égard de la suprématie britannique en Inde. La raison de cette attitude des nationalistes américains et indiens est la même. L'estime de soi d'un honnête homme se révolte contre la domination étrangère. Les yeux de l'Inde moderne se sont ouverts et son peuple réalise « qu'ils sont des hommes, avec le droit d'un homme de gérer ses propres affaires ». Comme l'a exprimé Mme Annie Besant dans son discours présidentiel devant le Congrès national indien en 1917 : « L'Inde n'est plus à genoux devant les « faveurs » ; elle est debout pour les droits.

La première voix de l'opinion nationaliste indienne organisée exigeant une réforme du gouvernement britannique de l'Inde se fit entendre en 1885. Cette année-là, la première session du Congrès national indien se tint à Bombay. Le Congrès a commencé par un petit groupe de dirigeants nationalistes progressistes de différentes régions du pays. Peu à peu, à mesure que sa fonction devenait connue, les rangs du congrès furent grossis par des délégués de toutes les sections de l'Inde, et bientôt son caractère responsable en tant qu'organe représentatif de l'opinion progressiste indienne sur les questions politiques fut reconnu en Angleterre et en Inde.

Le Congrès a commencé sa carrière en tant que critique de la politique britannique dans le pays. Il a soumis une demande à la nation anglaise pour une enquête sur les affaires indiennes et a présenté des revendications en faveur de réformes face au caractère irresponsable et autocratique du gouvernement britannique dans le pays. À mesure que le temps passait et que la véritable nature de la domination anglaise commençait à être révélée, les nationalistes indiens devinrent « plus audacieux dans leurs critiques et plus ambitieux dans leurs revendications en faveur de réformes ». À l'exception de concessions mineures accordées grâce à la courtoisie de quelques vice-rois sympathiques, rien de positif en faveur d'un meilleur gouvernement de l'Inde ne fut accompli par le Congrès national indien jusqu'aux réformes Morley-Minto de 1909. Pourtant, malgré ses énormes difficultés, résultant de Compte tenu de l'entêtement de la bureaucratie britannique en Inde et de l'attitude froide et indifférente du Parlement anglais à l'égard des revendications indiennes, le Congrès avait accompli un excellent travail en faisant prendre conscience aux classes instruites du pays de leurs torts politiques.

Le mouvement nationaliste indien a reçu un grand élan pendant le dur règne de Lord Curzon en tant que vice-roi autoritaire de l'Inde. L'un des actes de Lord Curzon fut la partition du Bengale en 1905, « un acte qui suscita dans l'ensemble de la population du Bengale une violente explosion de désapprobation populaire ». Le but du vice-roi anglais, en divisant la province en deux parties, était de détruire l'unité du Bengale et de semer en même temps les graines d'âpres querelles entre hindous et musulmans. Mais les jeunes Bengalis étaient déterminés à ne pas accepter le démembrement de leur ancienne terre du Bengale, et la province entière fut dans un état d'anarchie pendant six ans. Malgré les tentatives des Anglais pour calmer l'agitation, elle s'est progressivement répandue dans toute l'Inde jusqu'à ce qu'enfin l'acte détesté soit abrogé par proclamation royale lors du couronnement de Delhi à Durbar en 1911.

Entre-temps, les réformes Morley-Minto, parrainées par John Morley, le célèbre biographe de Gladstone et à l'époque secrétaire d'État pour l'Inde, et Lord Minto, vice-roi de l'Inde, étaient devenues une loi par l'India Council Act de 1909. Les réformes furent acceptées par quelques dirigeants modérés comme étant « généreuses », mais dans l'ensemble l'opinion publique indienne les considérait comme inadéquates et mesquines. Pour la première fois, les sièges des conseils exécutifs des provinces ainsi que ceux du gouvernement indien furent ouverts aux Indiens . Les conseils législatifs provinciaux et centraux furent élargis et comprenaient davantage de membres indiens « élus ». Désormais, les conseils provinciaux devaient contenir une majorité de membres « non officiels » « élus », par opposition aux membres « officiels » et « non officiels nommés », les fonctionnaires étant les fonctionnaires du gouvernement qui siégeaient dans les conseils en tant qu'anciens membres. -les membres d'office et les nommés non officiels qui ont été nommés à leurs fonctions de membres du conseil par le gouverneur de la province pour les conseils provinciaux et par le vice-roi dans le cas du conseil central.

Les pouvoirs des conseils réformés étaient cependant limités. « Les conseils », explique le professeur Parker T. Moon, « pourraient adopter des résolutions soumises à l'autorité suprême du Parlement britannique ; ils pourraient discuter du budget et d'autres mesures ; ils pourraient critiquer et suggérer. Ils ne pouvaient ni s'opposer ni proposer, mais ni déposer ni disposer. Ils ne pouvaient pas renverser le gouvernement ni resserrer les cordons de la bourse. En bref, c'étaient des clubs de débat expérimentaux. [47]

Ceux qui avaient fait confiance aux réformes Morley-Minto furent vite déçus. La véritable nature des nouveaux conseils en tant que simples « clubs de débat » a été découverte et jugée insatisfaisante. Le peuple indien a revendiqué le droit de contrôler les affaires du gouvernement de son pays, et on lui a accordé simplement le droit de discuter et de critiquer, sans aucune autorité pour modifier la politique de ses responsables. L'impuissance des membres indiens des Conseils s'est révélée après la guerre mondiale lors de l'agitation suscitée par les projets de loi Rowlatt . Le tollé contre cette loi répressive a été si fort que tous les membres indiens du Conseil législatif central, y compris ceux nommés par le gouvernement, ont voté contre son adoption.

Mais malgré la ferme opposition des membres indiens du Conseil et une répulsion sans précédent contre les projets de loi parmi toutes les classes du pays, ceux-ci furent promulgués par le vice-roi. Cette législation était une « gifle directe envers l'Inde nationaliste ». Il est de notoriété publique que cela a conduit au *satyagraha* du Mahatma Gandhi, qui à son tour s'est cristallisé dans le mouvement non-violent de non- coopération .

Après les réformes de 1909, le Congrès national indien a continué à éveiller les masses du pays à une conscience nationale et à exiger une représentation dans le gouvernement du pays. En 1914, tous les groupes d'Indiens se sont joints dans un esprit de loyauté pour aider l'Empire britannique pendant la Guerre mondiale. L'Inde a largement contribué aux besoins de guerre de l'Angleterre, tant en termes de main-d'œuvre que de puissance financière ; en récompense de sa loyauté, le peuple indien s'est vu promettre un régime libéral après la guerre. Entre-temps, le Congrès national indien et la Ligue musulmane de toute l'Inde (fondée en 1912 par les mahométans de l'Inde) s'étaient mis d'accord pour présenter les revendications communes de toutes les communautés du pays en faveur de l'autonomie. Le projet formulé par ces deux organisations à Lucknow en 1916, et connu sous le nom de programme Congrès-League, avait pour objectif l'instauration du *Swaraj* (règlement intérieur) au sein de l'Empire britannique. Ils proposèrent un plan par lequel l'Inde acquerrait, dans un délai de quinze ans, les mêmes droits que les colonies autonomes de l'Empire.

Avant la fin de la guerre, le secrétaire d'État pour l'Inde, M. Montague, fut envoyé en Inde par le Parlement britannique pour étudier la situation du pays en vue de lancer un projet visant à accroître l'influence de sa population. Un rapport conjoint préparé par le secrétaire, M. Montague, et le vice-roi, Lord Chelmsford, fut publié en 1918 et, après de légères modifications, fut adopté par le Parlement britannique sous le nom de loi de 1919.

Même si les réformes de Montague-Chelmsford constituaient une amélioration par rapport aux réformes de 1909, toutes les couches du peuple indien, à l'exception de quelques modérés isolés, les déclarèrent immédiatement insatisfaisantes. En plus d'élargir les conseils existants et d'y prévoir davantage de membres élus, les réformes de 1919 introduisirent le nouveau principe de « dyarchie » dans les provinces. Les différents ministères du gouvernement provincial étaient appelés « réservés » ou « transférés ». Le contrôle des départements « réservés » restait entre les mains des gouverneurs, qui n'étaient en aucune façon responsables devant les législatures. Il s'agissait notamment de l'ordre public, de la justice et de la police. La classe des matières « transférées » comprenait entre autres l'éducation, l'agriculture et la santé publique. Leur contrôle était confié à des ministres élus et responsables devant les législatures provinciales, qui contenaient une majorité de membres élus. Le système de « dyarchie » au sein des gouvernements provinciaux ne fut cependant pas un succès. A peine le nouveau système commença-t-il à fonctionner que des difficultés budgétaires surgirent entre les ministres en charge des différents départements. Les ministres des sujets transférés eurent le privilège de gérer leurs départements selon la demande populaire, mais ils ne reçurent pas les fonds nécessaires pour rendre possibles les réformes proposées. « Les cordons de la bourse étaient toujours tenus par une puissance extérieure », une condition qui rendait le travail de ces ministres responsables totalement inefficace. « Au mépris des principes de Lincoln concernant le sort d'une maison divisée contre elle-même », commente le professeur Moon, « le gouvernement britannique s'est donné pour principe de diviser l'administration de l'Inde. L'Inde devait être « à moitié libre, à moitié esclave ». L'autocratie et l'autonomie gouvernementale devaient constituer des colonnes jumelles soutenant l'impérialisme britannique. Il est intéressant de noter les sujets qui étaient réservés comme intéressant la Grande-Bretagne : la répression du désordre était un intérêt primordial. Aussi ingénieux soit-il, le projet n'a en aucun cas été une réussite totale. [48]

Pourtant, il faut admettre que les réformes de 1919 n'ont jamais fait l'objet d'un procès équitable de la part du peuple indien. Avant l'heure de l'installation des nouveaux conseils, la nation indienne s'était déjà lancée dans sa carrière de non- coopération non-violente contre le gouvernement britannique. La manière dont l'agitation contre les projets de loi Rowlatt a conduit à la loi martiale au Pendjab et au massacre d'Amritsar, qui à son tour a conduit le Mahatma Gandhi et le Congrès national indien à la politique de boycott de la domination anglaise, a déjà été expliquée dans un chapitre précédent. L'un des points du programme de non- coopération du Congrès était le boycott des conseils, et en conséquence de ce point, tous les dirigeants nationalistes responsables ont caché leur nom et leur soutien aux élections des conseils. Lorsqu'après l'arrestation du Mahatma Gandhi en 1922, une aile des nationalistes indiens, sous la direction de MCR Das, décida d'entrer dans les conseils, elle le fit dans le but de les dissoudre. L'objectif avoué des partisans de M. Das, que l'on appelait désormais les « Swarajistes », était de s'emparer des conseils en vue de briser de l'intérieur l'appareil gouvernemental en entravant ses affaires à chaque étape. Même si les « Swarajistes » ont finalement réussi à détenir la majorité des sièges dans différents conseils législatifs du pays et à causer un mécontentement considérable aux responsables du gouvernement par leurs méthodes obstructionnistes, ils étaient cependant loin de pouvoir à tout moment arrêter le gouvernement. machinerie.

Le point en litige entre l'Inde et l'Angleterre est le suivant : l'Inde a dépassé sa vieille habitude de soumission. Il ne se met pas à genoux pour mendier des réformes et des concessions. Il se lève et revendique ses droits, et les méthodes qu'il utilise pour garantir le droit du peuple à se gouverner lui-même sont de sa propre création. Ce qui est surprenant dans toute cette affaire, ce n'est pas que l'Inde ait perdu confiance dans le sens britannique de la justice et ait décidé de boycotter ses dirigeants anglais ; Ce qui est étonnant, c'est qu'il a fallu si longtemps au peuple indien pour découvrir la vérité sur les intérêts de l'Angleterre dans le pays et sur son propre bien-être. C'est un triste commentaire sur le génie des dirigeants indiens qu'il ait fallu trente-cinq ans au Congrès national indien pour découvrir la voie de la non-coopération vers *le Swaraj* (domicile). Attendre de la nation anglaise, qui a récompensé le général Dyer pour son massacre de 800 civils non armés avec une bourse de 10 000 £ (50 000 \$), l'octroi de l'autonomie gouvernementale était une pure absurdité. Et pourtant, jusqu'à ce que la nouvelle voie soit tracée par le Mahatma Gandhi en 1920, les Indiens de toutes les opinions persévéraient dans leur conviction que la liberté pouvait s'acquérir par la mendicité. Le Mahatma Gandhi fut le premier Indien à comprendre que la liberté ne s'obtient jamais grâce aux dons des dirigeants, mais au contraire grâce à la puissance des gouvernés. La liberté est une chose qui ne peut être donnée à une nation de l'extérieur ; la capacité de l'acquérir doit être développée de l'intérieur.

Il est vraiment étonnant de voir à quel point les vieilles habitudes perdurent longtemps après que leur inutilité ait été établie. Un cas de ce genre s'est produit en Inde après l'incarcération du Mahatma Gandhi en 1922. Le Mahatma avait lancé le pays sur la voie de la non- coopération , et cela était en cours avec succès lorsqu'il fut soudainement arrêté et condamné à six ans d' emprisonnement. Peu après sa disparition de la scène du Congrès, surgit au sein du congrès un nouveau parti qui résolut aussitôt de retourner dans les conseils, comme s'il n'avait pas eu assez d'expérience dans les affaires des conseils dans le passé. Ce qui a poussé les « Swarajistes » à cette action m'est toujours resté inintelligible. Croyaient-ils vraiment qu'ils pouvaient conquérir la bureaucratie anglaise de l'Inde par des discours dans la salle du conseil, ou la terroriser et la soumettre par ses terreurs obstructionnistes ? S'ils l'ont fait, c'était un cas typique du triomphe de l'espoir sur l'expérience. Si jamais quelqu'un a fait trembler les dirigeants anglais du pays à leur place, c'est bien Gandhi. Il n'a pas fait cela par des ruses de politicien. Celui qui combat la nation anglaise avec ces armes travaille contre de lourdes difficultés, car les Anglais sont déjà passés maîtres dans l'art de la diplomatie. Les bureaucrates étaient terrifiés par Gandhi parce qu'il utilisait l'arme de la résistance passive, qui était native de lui et de ses compatriotes mais étrangère aux militaristes britanniques. Les dirigeants du pays étaient complètement déconcertés par les méthodes de Gandhi. Ils ne savaient tout simplement pas quoi faire. S'il s'agissait d'une insurrection armée d'une nation rebelle, ils possédaient suffisamment de force militaire pour la réprimer avec succès ; mais leurs meilleurs stratèges échouèrent lorsqu'ils durent faire face à une masse de trois cents millions de personnes désobéissantes mais qui ne résistaient pas, qui s'étaient soudainement révoltées contre leur autorité établie à la demande d'un saint dirigeant.

coopération non-violente de Gandhi constitue toujours le credo du Congrès national indien. Les masses dans tout le pays ont pris conscience de la perte de leur dignité nationale sous le règne des Britanniques ; le sang des martyrs de Jallianwalla Bagh a fait saigner le cœur de l'Inde ; et on espère qu'avant que l'agitation actuelle dans le pays ne se ralentisse, l'Inde aura atteint sa liberté nationale et sera redevenue capable d'offrir sa contribution d'art, de beauté et de culture au reste du monde.

Outre les injustices de la domination britannique dans le pays, d'autres influences extérieures, qui ont conspiré pour renforcer le mouvement nationaliste en Inde au cours du XXe siècle, ont été la victoire japonaise dans la guerre russo-japonaise et la baisse du prestige de l'homme blanc dans la guerre russo-japonaise. dans l'esprit de toutes les nations orientales pendant et après la guerre mondiale. La défaite écrasante des forces russes face aux insulaires de l'Est lors de la guerre russo-japonaise a brisé à jamais le charme de l'invincibilité des armes de l'homme blanc contre les ennemis de l'Est ; et cet incident donna une grande impulsion aux mouvements nationalistes dans tous les pays de l'Est.

De même, lorsque, pendant la guerre mondiale, des régiments indigènes des différentes possessions coloniales des puissances combattantes se sont rassemblés sur les champs de bataille d'Europe pour assister à « l'holocauste de l'homme blanc », leur respect pour sa prétendue civilisation supérieure a disparu. Dans le même temps, la guerre mondiale a affaibli les puissances potentielles des nations impérialistes blanches, augmentant ainsi considérablement les chances de succès des peuples rebelles de l'Est . Les sentiments retentissants d'« autodétermination » pour les nations les plus faibles et « d'un monde sûr pour la démocratie » exprimés par les hommes d'État alliés, pendant la période de guerre, avaient, depuis la fin de la guerre mondiale le jour de l'armistice, Cela a stimulé l'espoir non seulement de l'Inde, mais aussi d'autres nations dépendantes, de rechercher dans toutes les directions la réalisation des idéaux exprimés par ces orateurs éloquents des alliés. Quelle sera la fin ?

* * *

Depuis que ces lignes ont été écrites, certains développements d'un caractère capital se sont produits dans la situation politique de l'Inde, dont il est opportun de prendre note ici.

Lors de la session de 1928 du Congrès national indien tenue à Calcutta, un projet d'autonomie gouvernementale, préparé conjointement par tous les partis en Inde, fut présenté au Parlement britannique pour être promulgué . Ce projet, connu sous le nom de Rapport Nehru, était accompagné d'un ultimatum selon lequel si un statut de dominion équivalent à celui d'autres dominions autonomes de l'Empire comme le Canada et l'Afrique du Sud n'était pas accordé à l'Inde par le Parlement britannique avant le Le 31 décembre 1929 à minuit, le Congrès national indien déclarerait désormais l'indépendance complète comme son objectif immédiat. Aucune réponse satisfaisante n'ayant été apportée à cet ultimatum par le Parlement britannique dans le délai prescrit, le Congrès national indien, lors de sa session annuelle tenue à Lahore au cours de la dernière semaine de 1929, s'est engagé à une indépendance complète et à une rupture de toutes relations avec les Britanniques. Gouvernement. La résolution sur l'indépendance du Mahatma Gandhi a été adoptée par une majorité écrasante de 2 994 voix contre seulement 6. Le 26 janvier 1930 a été choisi par le Congrès national indien comme jour de l'indépendance de l'Inde. Elle a été célébrée par tous les Indiens, en Inde et à l'étranger, au cours de manifestations spectaculaires, au cours desquelles le drapeau national a été hissé avec cérémonie et la Déclaration d'indépendance lue aux masses. Des résolutions d'approbation ont été adoptées lors de près de 750 000 réunions et des promesses de soutien ont été données au Congrès national indien sous la direction du Mahatma Gandhi, par les foules enthousiastes du monde entier. Plus tard, le Comité pan-indien du Congrès, composé de 300 membres, a transféré son autorité pour guider les politiques du Congrès à un comité de travail composé de dix dirigeants du peuple choisis, qui à leur tour ont exprimé leur foi implicite dans le leadership du Mahatma Gandhi. .

Après l'échec de tous les efforts de réconciliation avec le gouvernement britannique, le Mahatma Gandhi se lança dans sa campagne de désobéissance civile le 9 mars 1930. Ce jour-là, il quitta son domicile d'Ahmedabad avec un groupe de 79 volontaires pour rejoindre Jalalpur , un village sur la côte. bord de l'océan et à 150 milles de distance, où lui et ses partisans commenceront à fabriquer du sel au mépris ouvert du monopole du gouvernement britannique sur la fabrication du sel en Inde. Ce sera le symbole du programme de désobéissance civile de Gandhi. Au cours de ce voyage historique, Gandhi et ses disciples ont été accueillis avec un immense enthousiasme par la population en général, qui s'est rassemblée par centaines de milliers et a suivi la marche de Gandhi tout au long de son voyage.

Le plan de Gandhi est très simple. Lui et son groupe de bénévoles commenceront à fabriquer du sel à Jalalpur . Puisque cela implique une désobéissance à l'autorité civile du gouvernement britannique, celui-ci sera contraint d'arrêter Gandhi et ses partisans. Les volontaires en cas d'arrestation seront remplacés par d'autres lots en nombre égal. De cette manière, la campagne se poursuivra jusqu'à ce qu'un des partis se retire. Le gouvernement réussira soit à briser le pouvoir des partisans de Gandhi, soit à céder aux exigences de l'Inde nationaliste. D'un côté, Gandhi a ouvertement défié le gouvernement britannique de l'arrêter, et de l'autre, il a strictement enjoint à ses partisans de maintenir un esprit de non-violence. Dans une récente déclaration à la presse, il a déclaré qu'il ne craignait pas tant la colère du gouvernement britannique que la fureur folle de ses propres compatriotes qui se livraient à une violence ouverte.

La marche de Gandhi vers Jalalpur a suscité un enthousiasme universel dans tout le pays. De grandes manifestations ont lieu partout. L'arrestation du lieutenant en chef de Gandhi, M. Vallabhai Patel, et du maire de Calcutta, M. Sen Gupta, montre déjà la politique de répression du gouvernement britannique. Les masses ont jusqu'à présent maintenu l'esprit de non-violence. Gandhi a donné au gouvernement britannique de l'Inde le choix entre un règlement pacifique et la violence. Jusqu'à présent, il a réussi à maintenir ses compatriotes dans une ambiance calme et d'agitation pacifique. S'il est arrêté et que le gouvernement déclenche la répression avec sa démonstration habituelle de violence, la révolution en Inde pourrait prendre un cours différent. Dans un tel cas, la responsabilité incombera entièrement à l'Angleterre.

NOTES DE BAS DE PAGE :

[46] Cité de Lajpat Rai.

[47] *Impérialisme et politique mondiale* , page 300.

[48] *Impérialisme et politique mondiale* , page 303.